U0959214

你不可不知的

西方画家及其作品

破茧而出的现代派绘画

王月亮◎著

中国法制出版社
CHINA LEGAL PUBLISHING HOUSE

序

Preface

1601 年，意大利传教士利玛窦来到北京，把欧洲油画带到了中国。利玛窦在呈送明神宗皇帝的表文中说："谨以天主像一幅，天主母像二幅，天主经一本，珍珠镶嵌十字架一座……奉献于御前。物虽不腆，然从极西贡来，差足异耳。"

利玛窦可视为将西画传入中国的第一人。此后，包括油画在内的各类西方绘画通过西洋舶来品，渐渐由宫廷传入富人阶层和民间作坊，对中国雕塑、刺绣、彩绘、泥金、漆艺、镶嵌等艺术领域均产生了影响。

在绘画方面，中国自 19 世纪起，学西画者渐众。

清同治年间，上海天主教会创办了土山湾画馆，成为"中国西洋画之摇篮"。

辛亥革命前后，在维新派"欲开民智，非讲西学不可"的观念影响下，许多画家不远万里奔赴日本、西欧和美国学习西洋绘画，李铁夫、李叔同、吴法鼎、徐悲鸿等都是其中的佼佼者。

现在，西方绘画，尤其是油画，于国人已是司空见惯，除在各地美术馆、博物馆、艺术区中展出，很多作品还被广泛印在各类装饰画、宣传页、广告、书籍、T 恤上。各种油画、素描培训机构则为人们进一步了解并学习西方绘画提供了便利。但凡对美术略知一二的人，都知道凡·高和他的“向日葵”，也知道达·芬奇和他的“蒙娜丽莎”，毕加索和他画作中那些抽象的人物形象；而对西方美术史有些了解的人，大概还会知晓蛋彩画、湿壁画、印象派、立体主义、抽象主义、波普艺术等是怎么回事。

然而，达·芬奇为什么要画蒙娜丽莎？

凡·高是荷兰最伟大的画家吗？

印象派除了凡·高还有哪些绘画大师？

抽象主义从何而来？

毕加索究竟属于什么画派？

为什么卡拉瓦乔的画“一片漆黑”，而提香的画一片“金黄”？

西方绘画为什么从写实走向了抽象？

肖像画是什么时候出现的？……

在追溯这些问题时，我们会发现，在凡·高、达·芬奇、毕加索这些绘画巨匠的背后，是西方绘画恢弘的历史。

历史的车轮时而缓慢前行，时而极速奔驰。发生在14—16世纪的欧洲文艺复兴，对西方绘画而言就是一场燎原之火——正是它，将西方绘画从中世纪的沉闷呆板中解放出来，赋予了绘画生动的情感与鲜活的色彩。在文艺复兴之前，西方的画家多寂寂无名；而自文艺复兴的先驱者之一乔托始，西方绘画艺术大师迭出，各领风骚。

数百年来，西方绘画从幼稚、生硬渐渐走向成熟，不断创新；绘画艺术的中心也由意大利的佛罗伦萨转到法国的巴黎，再转到美国纽约，几经变迁。其间，涌现出大量在艺术史上熠熠闪光的天才，如乔托、马萨乔、保罗·乌切洛、波提切利、弗朗切斯卡、达·芬奇、米开朗琪罗、拉斐尔、荷尔拜因、提香、卡拉瓦乔、伦勃朗、德拉克洛瓦、马奈、德加、凡·高、高更、门采尔、蒙克、鲁奥、杜尚、波洛克……这些天才画家，都是引领西方绘画不断创新的变革者，用他们的天赋与勤奋定义了新的美，开辟出新的绘画领域和新的艺术手法。而围绕着这些天才人物及他们的创作风格、主要创作地等，佛罗伦萨画派、威尼斯画派、洛可可艺术、巴洛克艺术、卡拉瓦乔主义、巴比松画派、印象主义、至上主义、抽象主义、达达主义、超现实主义等流派应运而生。

伟大画家的出现并非偶然，影响一个时代的画派和传世名画的诞生，也往往有着深刻的历史背景。

绘画是一门视觉艺术，欣赏一幅绘画作品具有很大的主观性，但如果我们能了解整个西方绘画发展的大体脉络，能了解画家生活的时代背景，并了解画家的生平故事，无疑可以帮助我们更好地理解一幅画的内涵。比如，了解这些之后，我们就能明白：

“蒙娜丽莎”为什么会风靡全球？

米开朗琪罗究竟伟大在哪里？

印象主义、抽象主义、达达主义等现代画派由何而来？

为什么凡·高能画出如此炫目的向日葵？

为什么高更会与塔希提结缘？

那些看起来仅有几条线、几片颜色的画作为什么能够被称为艺术？……

《你不可不知的西方画家及其作品》正是为这些问题而创作的，旨在为非艺术专业的读者以及艺术专业初入门者梳理出西方绘画的发展脉络，让读者对西方画家、西方绘画名作及整个西方绘画史有一个大致的了解。

本套书是笔者在查阅了大量西方美术史和画家传记的基础上撰写而成的，按时间顺序，共分为四个部分。

第一部分主要介绍了13世纪至15世纪文艺复兴早期的杰出画家及其重要作品。这一时期，意大利是整个西方的艺术中心，先后形成了佛罗伦萨、罗马、威尼斯等艺术圣地。尤其是作为欧洲文艺复兴运动发祥地的佛罗伦萨，更是人才辈出，堪称绘画大师的摇篮，被誉为文艺复兴“画坛三杰”的达·芬奇、米开朗琪罗和拉斐尔均诞生于此地。与此同时，位于欧洲西北部的尼德兰低地也正在形成自己的艺术，出现了康平、韦登、博斯、老彼得·勃鲁盖尔等绘画巨匠。

第二部分主要介绍了西方16世纪至19世纪上半叶的杰出画家及其代表性作品。这一时期，在前辈大师的基础上，西方的杰出艺术家们发展出了样式主义、巴洛克艺术、洛可可艺术、卡拉瓦乔主义、浪漫主义、新古典主义、现实主义等不同风格的艺术。意大利仍是艺术家的朝圣之地，但已失去其艺术中心的地位。

第三部分主要介绍了19世纪下半叶至20世纪初期的杰出画家及其代表性作品。这一时期，法国巴黎已然成为新的世界艺术中心，名声大噪的“印象派”就诞生于此。马奈、莫奈、毕沙罗、德加、塞尚、高更、凡·高、雷诺阿、修拉、卡萨特……这些如雷贯耳的画坛大师皆与印象派有关。与此同时，象征主义、超现实主义、表现主义等全新的艺术风格也正悄然兴起。

第四部分主要介绍了西方自20世纪以来的主要现当代艺术家及其重要作品。这一时期，艺术流派纷呈，大师辈出，涌现出了立体主义、抽象主义、抽象表现主义、达达主义、至上主义、未来主义等艺术风格与流派。世界艺术中心渐渐从法国转向美国。

有别于艺术理论类书籍和专业的艺术史教材，本套书采取的是“纪传体”写作，即通过讲述画家们的独特的人生经历和创作的故事等，力求生动地呈现出他们及与其相关的画派在当时的影响和艺术史的变革中的作用等。毕竟，历史归根结底是人的历史，漫长的西方绘画史，也是由一个又一个的画家及他们的故事连缀而成的；而画家们的杰出作品，则像满天星辰，在浩瀚的艺术之空闪耀。

目录
Contents

西方抽象主义画派鼻祖

——“蓝骑士”康定斯基

画家：瓦西里·康定斯基（Wassily Kandinsky，1866—1944）

国籍：俄国

代表作：《几个圆圈》

类型：油画

艺术风格：表现主义、抽象主义

慕尼黑的“蓝骑士”们

20世纪初，受蒙克、凡·高、高更、毕加索等人的刺激和影响，表现主义在德国蓬勃兴起。1905年，一批青年画家在风景优美的德累斯顿发起了桥社。桥社是德国表现主义的第一个社团，其成员大多为二十岁出头甚至不到二十岁的年轻人。因为年轻，他们非常乐观，试图建立一个将生活与创作融为一体的社团，通过自己的艺术和行动来改变整个社会及艺术理念。这群年轻艺术家主张到工厂体验工人的淳朴感情，对模特采取平等的态度，歌颂性解放；在创作手法上，他们画风各异——基尔希纳的绘画直接而感受敏锐，黑克尔的作品体现出一种严谨、冷静、克制的风格，施密特·罗特卢夫构图大胆、具有表现力，米勒则色彩柔和细致、具有梦幻感和音乐特质。不过这些成员的作品仍存在一些共性，那就是他们普遍追求平面感，并十分注重线的表现力，感情和情绪的传达成为绘画的主要目的，颜色和结构都服务于这一目的。

桥社在德国画坛活跃了 8 年之久，对德国艺术产生了一定影响。1913 年，因内部意见分裂，桥社解散。随后，其成员各奔东西，他们

康定斯基《黄红蓝》

继续着各自的创作道路，其作品不乏杰作，但影响力有限。

相比桥社，作为表现主义在德国的第二个社团，蓝骑士社团不论在成员艺术家的个人成就方面，还是社团的影响力方面，都比桥社更胜一筹。

蓝骑士社团成立于1911年，是从慕尼黑新美术家协会分裂出来的一个社团，其成员有法国艺术家、瑞士艺术家、俄国艺术家，当然最主要的还是德国的艺术家。有意思的是，被誉为西方现代主义音乐代表人物的美籍奥地利音乐家阿诺尔德·勋伯格也是蓝骑士社团的成员之一。

这些来自欧洲各国的艺术家聚在一起做些什么呢?

他们成立自己的编辑部，出版自己的刊物《蓝骑士年鉴》，在杂志上发表文章与别的艺术家论战，积极参加各种展览，共同将德国表现主义推向了成熟阶段。而康定斯基是蓝骑士社团的主创人员之一。

三十而立的法学老师

蓝骑士社团创办于德国慕尼黑，它的主创者康定斯基却是俄国人，在成为画家之前，他的身份是一名大学里的法学讲师。

康定斯基出生于莫斯科一个知识分子家庭，从小成绩优异、兴趣广泛，他热爱音乐，是一名优秀的业余大提琴手，同时也喜爱绘画。和多数画家不同，康定斯基并没有一开始就从事艺术创作，事实上，他在大学里学的是法学和政治经济学。

1889年，当时仍是学生的康定斯基到沃洛格达从事民族史与民俗学调查研究，在这个过程中，他接触到不少优秀的俄罗斯民间绘画和装饰艺术，其夸张、非写实的表现手法和强烈的色彩，给康定斯基留下了深刻印象。

不过，或许在当时的康定斯基看来，绘画作为一项爱好就挺好，没有必要非得以此为职业，1893 年，他博士毕业后留在学校任教，教的也是法学。

康定斯基真正动念学画，是在 1895 年。这一年，莫斯科举办了一场法国印象派画展，作为绘画艺术的爱好者，康定斯基当然不会错过这样的盛会。此前，康定斯基对印象派已早有耳闻，但亲眼看到他们的作品时仍对他刺激不小，尤其是莫奈的《干草垛》系列，使他的心灵受到了震撼。

从那时起，康定斯基就产生了想要当一名职业画家的念头。他是个说干就干、颇具行动力的人。1896 年，他果断辞去大学里前景大好的教职，前往德国慕尼黑美术学院学画。

康定斯基从俄国移居德国时，正值欧洲各国新艺术运动蓬勃兴起。作为学者型画家，1900 年，从慕尼黑学术学院毕业后，康定斯基没有急于创作，而是花费了数年时间，对欧洲和北非的现代艺术进行了全面了解与考察。1908 年，当康定斯基回到德国并定居慕尼黑时，他已然是现代艺术方面的专家了。

现在，康定斯基要真正开始他的职业画家生活了。他做事成熟稳重，“不鸣则已，一鸣惊人”，在追求艺术的道路上一开始就为自己定好了基调：他要做现代艺术的先锋，还要做艺术文化的传承者。

最初，康定斯基的绘画具有表现主义的特色。比如，他创作于 1909 年的《青山》，画中运用了点彩派的技法、野兽派鲜明而随意的色彩，传达的则是表现主义“对内心情感的真实反映”。不过渐渐地，他开始抛弃具象走向抽象，如他的《构成第五号》，特定的主题和视觉的联想消失了，取而代之的是色彩和形状所造成的猛烈冲突的动势和紧张感。不过，这幅抽象画受到了慕尼黑新艺术家同盟评委的否定，因此未能参展，康定斯基因此愤然退出了该同盟。

在慕尼黑学画及环欧洲旅行的这些年，康定斯基结识了不少画家朋友，并与他们保持着友好的书信往来，弗兰茨·马克便是其中之一。弗兰茨·马克是画家威廉·马克之子，家境富裕，曾就读于慕尼黑美术学院，与康定斯基是校友，后来又和康定斯基一起加入了慕尼黑新艺术家同盟。康定斯基退出新艺术家同盟后，想成立一个崭新的艺术社团，做德国艺术圈开拓疆土的先锋，令每个人都能通过艺术来巩固内在和外在的现实经历。弗兰茨·马克便是康定斯基这一理想的坚定拥护者和支持者。

1911 年，在康定斯基和弗兰茨·马克的共同努力下，代表着他们梦想的“蓝骑士”出现了。蓝色是康定斯基最喜欢的颜色，它象征着希望和理想。许多认可“蓝骑士”理念的艺术家纷纷加入该社团。“蓝骑士”恰如其名，如满怀壮志的勇士活跃于德国艺术圈，逐渐成为德国乃至欧洲现代艺术的标杆。

从具象到抽象

作为表现主义社团“蓝骑士”的主要创始人员，康定斯基在画坛却以抽象主义绘画而闻名，他被奉为抽象主义绘画艺术的先驱，在这一领域与蒙德里安、马列维奇齐名。

大约自1910年始，康定斯基开始创作抽象画。所谓抽象画，顾名思义，就是很难从画作中看到具象的模拟现实之物的画作。如康定斯基的《构成》系列，整个画面均由大大小小的不同形状、色块及线条构成：有规则的圆形、半圆、直线、三角形、矩形、直角等，也有各种不可名状的形状……很难说清这些形状代表了什么，但能从中获得美感，并获得想象。

据说，康定斯基之所以从具象走向抽象，其实是个极偶然的过程。那是1908年的一天，康定斯基和女友一起到慕尼黑南部一个美丽的小镇墨瑙度假，坐在窗前，他被眼前美丽的景色深深吸引，于是飞快抓起画笔，将大色块涂抹于画布上，创作了一幅抓住当时瞬间感觉的风景小品画，然后兴致勃勃地将它挂到了墙上。

康定斯基《构成第六号》

一个黄昏，外出作画回到住处的康定斯基忽然看到墙上有一团充满光亮的颜色，它在幽暗的自然光线下散发出一种令人悸动的神秘之光。康定斯基一下被打动了，他奇怪房间里怎么会突然出现这样一幅“杰作”，走近看时才发现，原来是自己将前不久画的那幅画挂倒了。第二天，当康定斯基再次将画作倒挂过来时，原本打动他的那种感觉再也找不回来了。

正是这件事，令康定斯基意识到，是具象损害了画面的美感，如果将具体的现实之物从画面中消除，而用点、线、面来取而代之，抽象的画作反而更能传达内心的情感。

1910 年，康定斯基创作了第一幅抽象水彩画，并写出了《论艺术的精神》，这是他开始转向抽象艺术的宣言。在他看来，一个纯粹的艺术家会“**力图在自己的作品中只传导内在的和本质的东西，同时，自然而然地绝弃了外在的偶然**”。此后数十年，康定斯基一直在实践自己的艺术理论，他还试图将阿诺尔德·勋伯格抛弃了调性原则的音乐转译为绘画，使其绘画具有音乐性。他说：“**一般说来，色彩直接地影响着精神。色彩好比琴键，眼睛好比音槌，心灵仿佛是绷满弦的钢琴，艺术家就是弹琴的手，它有目的地弹奏各个琴键来使人的精神产生各种波澜和反响。**”

康定斯基开辟了西方抽象主义的先河，不过他的绘画并非人人都喜欢。即便在“蓝骑士”社团内，一些成员亦并不完全赞同他的主张，曾在第三次画展时拒绝展出他的作品。康定斯基一怒之下退出了“蓝骑士”。而他退出后不久，随着第一次世界大战的爆发，弗兰茨·马克、克利等成员纷纷参军奔赴前线作战，“蓝骑士”社团自然而然解散了。

当弗兰茨·马克和他的挚友奥古斯特·马克年纪轻轻在战场为国

康定斯基《蔚蓝的天空》

捐躯时，康定斯基则回到了俄国。1921 年，应德国魏玛包豪斯学院邀请，康定斯基再度来到德国，他一边执教，一边画画，迎来了人生中的第二个创作高峰，并写出了《关于形式问题》《论具体艺术》《点线面》等艺术理论著作。

和“一战”前相比，此时因受俄国至上主义和构成主义影响，康定斯基的抽象画中大量出现了几何体，画中的形状渐渐有了坚硬轮廓，风格变得僵硬。而在 1921 年之后，康定斯基则爱上了圆，如《几个圆圈》，整幅画都由大大小小、填充了不同颜色的圆按照一定韵律和节奏构成。在康定斯基看来：**“艺术的目的和内容是浪漫主义……我的作品中，一直大量用圆，这里要出现的浪漫主义是一块冰，而冰里燃烧着火焰。”**

1933 年，因希特勒掌权，康定斯基在包豪斯学院的活动受到限制。他担心受到迫害，于是携家人一起迁居法国，后来因法国被纳粹占领而迁居美国，最终又回到法国，定居巴黎。

虽时局动荡，康定斯基却一直坚持作画，而且步入晚年的他在艺术上又有了新的突破，他冲破几何点、线、面的束缚，转而追求更为自由、更有生物形态的造型和色彩。如《蔚蓝的天空》，蓝色的平面背景上满是具有幻想色彩的各种形状，令人感受到一种神秘的超现实主义的气质。

最出色的装饰画画家

——勃纳尔

画家：皮耶·勃纳尔（Pierre Bonnard，1867—1947）

国籍：法国

代表作：《逆光下的裸女》

类型：油画

艺术风格：后印象主义

一群“先知”

1888 年，从多巴哥流浪回到法国不久，高更前往法国西部有着玫瑰海岸和史前巨石的布列塔尼写生，尽管当时的他还远远没有现在有名，他的画也不怎么能卖得出去，但他在一群向往革新艺术的年轻人中拥有不少粉丝。一个名叫保罗·塞律西埃的年轻人就对高更十分崇拜。这年秋日的一天，保罗·塞律西埃怀着朝圣的心情，前往布列塔尼拜访高更。

保罗·塞律西埃有幸在阿旺桥的爱之园见到了高更，并得到了这位象征主义大师的指点。高更指着爱之园中的景物对保罗·塞律西埃说：“你看那树是什么颜色？是绿色吗？那就用绿色，用调色盘中最绿的绿色。阴影呢？蓝色，还有什么？好吧，就用最蓝的颜色画下来……”

在高更的指导下，保罗·塞律西埃怀着激动又紧张的心情创作着。他用的全是颜料管中挤出的纯色，没有经过任何调色的步骤，很快，他就在香烟盒上完成了一幅色彩鲜艳的画作。这幅画作成了塞律西埃的护身符，他拿着这一带有大师高更之气息的宝物，兴奋不已地回到了巴黎。

塞律西埃当时是一家业余艺术培训学校——朱利安美术学校的学生，回到学校之后，他非常激动地向他身边的一群同在朱利安美术学校学习的朋友展示了他从布列塔尼带回来的作品。他的朋友们无不为此感到振奋，这群年轻人从这幅画及塞律西埃带回来的高更的画中看到了一种新的艺术，一种象征主义的、重视主观感受、追求纯绘画性的艺术，他们决定朝着这个方向努力，于是在 1889 年成立了一个社团——“纳比画派”（“纳比”一词来源于希伯来语，意为“先知”）。

用“先知”为自己的社团命名，可见纳比画派成员的勃勃野心。不过，野心归野心，作为该社团的主创者之一，塞律西埃似乎对艺术理论的迷恋胜过绘画本身，他后来成了一位杰出的理论家，以至于人们常常忘记他同时还是一个画家。塞律西埃也画画，只是他的思想太过于强大，限制了他的创作，人们可以从他的绘画中强烈感受到他对自我的控制。如果塞律西埃的作品可以更奔放一点，结果将会怎样？或许他的作品可以大放异彩，或许塞律西埃的名望能比现在更大——然而，这样的假设并无意义。

莫里斯·丹尼斯比塞律西埃小三岁，也是纳比画派的成员。他是一个思想早熟的青年，年仅二十岁时就对艺术有了自己的见解。他曾如此说道：**“记住，一幅画，在成为一匹战马、一个裸女或某个小故事之前，主要是一个布满着按一定秩序组合的颜色的平面。”**

在塞律西埃从布列塔尼回来之前，丹尼斯曾追随印象派的脚步，用细小的笔触寻找光的颤动，并根据修拉的原则研究色彩分解，但塞律西埃带回的高更的思想改变了丹尼斯，他开始反对莫奈等印象派画家即兴作画的方式，开始反对用细小的笔触使形变得散乱的做法。

至于丹尼斯的艺术风格，可以说是在旅行途中形成的。他热爱旅行，意大利、西班牙、比利时、德国、阿尔及利亚、美国、加拿大各地都留下了他的足迹。旅行使他眼界开阔，得以博采众长，尤其是意大利各城的古典艺术对他影响深远。领略过古代大师风采的丹尼斯最终找到了自己的风格：一种色彩明亮、宁静平和、能带给人肃穆之感的柔美和谐的艺术。

丹尼斯为教堂画过大量装饰壁画，他独特的画风使他成了宗教艺术改革的先驱。然而同塞律西埃一样，受理性驾驭的丹尼斯在创作时表现得过于克制，人们希望在他的绘画中看到一些动荡的或者激情的东西，然而却看不到。

在纳比画派中，瑞士人菲利克斯·瓦洛东是较为年长同时也较为独特的一个，他一边写作，一边画画，其肖像画充满原始主义特色。

至于爱德华·维亚尔，这个长着一把大胡子、脸型瘦削的法国男人，非常有才华。和他的朋友们有点儿不太一样，他对印象派并不全盘否定，而是借鉴吸收了印象派的一些技法。至于绘画主题，出生于织绣设计家庭的他喜欢描绘身边妇女的日常生活，这些女人或缝纫刺绣，或读书闲谈，或操持家务，画面给人以一种雅致、平和、悠闲的感觉，如《穿条纹衬衣的女人》《工作台内》《戴帽子的女人》《做针线活的维亚尔夫人》等，在他的绘画中，人物总是跟背景融合在一起。

很难说纳比画派的这群“先知”谁比谁更厉害。历史评价一个人的标准总在变化，今天默默无闻的画家明天可能被奉为大师，而今天声名显赫者很难说在未来仍能享有这样的声誉。作为纳比画派的成员之一，皮耶·勃纳尔和他的朋友们既有着相似之处，又很不一样。他在装饰画领域创造着一个属于自己的理想世界，用他充满梦幻与朦胧美的色彩征服世界，曾经人们不理解他，而现在，他已和他的好友亨利·马蒂斯一起被人们誉为 20 世纪最伟大的色彩大师。

为成为艺术家而成为艺术家

皮耶·勃纳尔出生于 1867 年法国的巴黎市郊，是家中的第二个孩子，父亲是名军官，曾参加过普法战争。这名军官父亲对儿子的期望是国家公务员。皮耶·勃纳尔成绩很好，曾获得过奖学金，他热爱阅读，喜欢拉丰丹，对古典文学及哲学也充满兴趣。广泛的阅读使得皮耶·勃纳尔思想独立，在还是一名中学生时他就确立了自己的人生目标，并开始为报考美术学校做准备。

一开始，因为父亲的反对，勃纳尔违背心意去了德里奥学院，成了法学系的一名学生，并在两年后通过了律师资格考试。从表现上看，勃纳尔似乎正在一步步走向国家公务员，但实际上，他却一边在德里奥学习法律，一边在朱利安美术学校报了名。他和塞律西埃等人，正是在这所业余美术学校相识的。

不过，勃纳尔进入朱利安美术学校就读似乎并不是为了求知。事实上，从 1886 年到 1889 年的三年间，勃纳尔只是偶然到朱利安美术学校去一下而已。他之所以要报名朱利安美术学校，用他自己的话说：**“我想那时候真正吸引我的更主要的是艺术家的生活而非艺术本身，我向往那种随心所欲的自由生活。当时我已有很长一段时间着迷绘画，但没发展为不可遏制的热情；无论如何我只想着从单调枯燥的生活中逃脱出来。”**

在勃纳尔看来，当一名循规蹈矩、按部就班的国家公务员实在太无趣了，他不希望自己一辈子在单调枯燥中度过，所以他要逃脱。对他来说，当一名艺术家是一种相对自由的生活方式，这种自由，他在朱利安美术学校时就体会到了。这所非专业的美术学校纪律松弛，对学生既没有必须何时去上课的时间要求，也没有必须掌握何种技能的考核要求，课后也没什么必须完成的作业，总之，学生想来就来，想走就走，十分自由。

勃纳尔喜欢朱利安美术学校的氛围，也喜欢这里的年轻朋友们。这是一群有趣的年轻人，他们和勃纳尔一样，有自己的思想，对生活充满热情，对自由充满向往，不喜欢循规蹈矩。1889 年，当这群年轻人在塞律西埃的倡议下结成纳比画派后变得更有意思：他们规定每月定期聚会一次，聚会时，大家都要穿上具有东方情调的奇装异服，彼此之间不论长幼都不叫姓名，以绰号相称。当这样一群年轻人聚在一起时，不知道的人还以为是一群歌舞剧演员正在排练节目。

1889 年纳比画派成立那年，勃纳尔就离开了朱利安美术学校，不过仍持续参加画派的活动与画展，直到多年之后画派解散。此时的勃纳尔已彻底放弃法学，开始了作为一名艺术家的职业生涯。1890 年，在巴黎举行的日本版画展令勃纳尔印象深刻，他由此迷上了日本浮世绘，歌川国贞、歌川国芳、安藤广重等日本艺术家的作品成了他收藏的对象。从勃纳尔日后的绘画作品中，可以看到浮世绘的构图方式、平板的色调构成及远近的表现方式。由于勃纳尔对日本浮世绘艺术的痴迷，他的纳比画派里的朋友们给他起了一个绰号："纳比日本人"。

不过，青年时期的勃纳尔并不靠卖画为生。这指的是，他并非那种先按照自己的意图创作绘画，然后再在画展上出售作品以此获得报酬的画家；事实上，勃纳尔最为人们所熟悉的身份乃是装潢设计师、版画家和设计家。他为香槟酒和艺术杂志作招贴画，为书籍画插图，为剧院做舞台帷幕的设计、海报设计——这些工作为勃纳尔带来了丰厚的收入，也令他结识了不少朋友和赞助人。

遇见玛尔特

画家的性格因人而异，有人喜欢躲在画室埋头创作，有人则喜欢交游和社交，勃纳尔属于前者。他似乎对在热闹的沙龙与社交场合出风头并不感兴趣，也无意过一些画家正在过着的放荡不羁的生活。他没有太多朋友，除了和普通人一样的日常，他的生活总是被工作占满。

如果说勃纳尔在日常生活中除了画画还有什么其他兴趣，那就是写日记。他有一个记事本，这个记事本上记录的并非什么大事，而是每日天气和日常：多云、晴朗、雨天……写完天气之后，他会以一个画家的方式，用草图将他觉得有必要记上一笔的日常生活中的琐事画下来。

这些草图成了勃纳尔日后创作的素材——他创作时不喜欢预先构图，不喜欢画那些宏大的题材，而往往喜欢描绘那些曾打动自己的日常生活的瞬间。

那么，是什么将勃纳尔的目光吸引到室内来？是什么让勃纳尔对日常生活如此着迷，以至于在这些题材上倾注了几十年的时间？

答案是玛尔特。

玛尔特是一个出身于下层社会的普通女人。她与勃纳尔相逢于1893年（一说1894年），两人相遇时，她正在一家为葬礼供应花束的花店打工。从勃纳尔后来为玛尔特拍的照片来看，她留着一头干净利落的短发，长着一张椭圆形微胖的脸，眉毛又浓又粗，眼睛炯炯有神。

玛尔特算不上绝色美人，不过独具气质。与勃纳尔相识时，勃纳尔26岁，而玛尔特自称16岁。勃纳尔被玛尔特迷住了。她先是成了

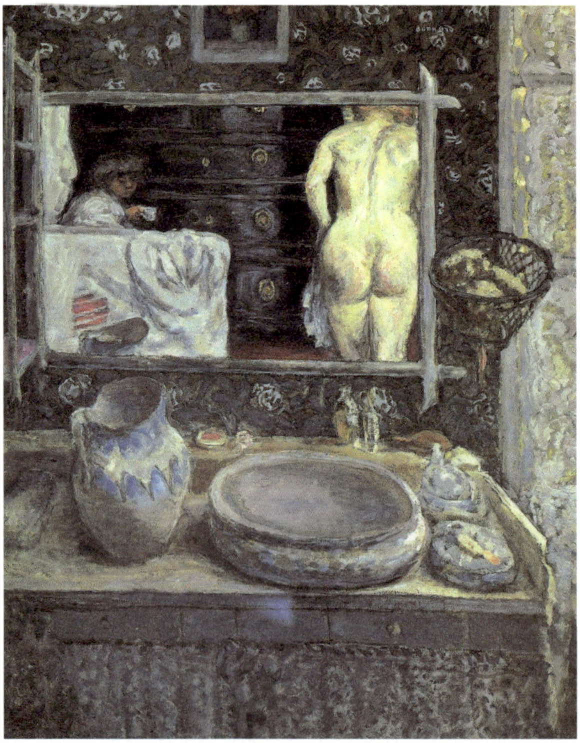

勃纳尔《浴室墙上的镜子》

他的模特，然后又成了他的情人。这并不奇怪，很多画家和模特之间都会日久生情，但奇怪的是，勃纳尔和玛尔特尽管两情相悦，却以情人身份“不明不白”地一起生活了32年之久，直到1925年才正式结为夫妻。更奇怪的是，在结婚之时，玛尔特才向勃纳尔道出了实情——玛尔特只是她的假名，她的真名叫玛丽亚·布尔辛，相遇那年她说她16岁也是假的，事实上，她只比勃纳尔小了两岁。

两个人在一起生活了几十年，勃纳尔竟然对玛尔特的真名和真实年龄一无所知，这实在有些不可思议。不过，尽管玛尔特对勃纳尔有所保留、玛尔特的身体状况也不佳——医生曾预言她可能活不到四十岁，并且她的脾气也不稳定，喜欢抱怨，有时将勃纳尔搞得疲惫不堪，但勃纳尔对玛尔特十分宠爱。玛尔特不喜欢见人，勃纳尔就随身携带一把伞，不论晴天下雨，只要玛尔特在身边他就会把伞撑起来挡住她、保护她；玛尔特不喜欢热闹，原本就朋友不多的勃纳尔为她过起了离群索居的生活。勃纳尔曾在一封写给朋友的信中如此说道：**“我现在尽量过着离群索居的规律生活，因为玛尔特已经抵制社交生活了，我也得尽量少接触人。”**

没人知道玛尔特身上究竟有何种魔力使勃纳尔对她如此着迷，可以肯定的是，她成了勃纳尔生活的中心，不画画的时候他们一起生活，创作时，玛尔特就成为勃纳尔的模特。尤其婚后，除了短暂外出作画，勃纳尔几乎与玛尔特形影不离。他是如此深爱这个女人，1942年玛尔特去世时，勃纳尔非常悲伤，他给好友马蒂斯写信倾诉道：**“我有些悲伤的消息给你。病情经过一个月的恶化，她的肺和消化器官都被感染了，我可怜的玛尔特死于心脏骤停。六天前，我们把她葬了。你可以想象我的难过和孤独，我心中充满了苦涩，以及对从此之后生活的忧**

伤……”

尽管勃纳尔的一些朋友曾为勃纳尔鸣不平，认为玛尔特将勃纳尔的生活搞得一团糟，妨碍了他的社交，但正是因为玛尔特，勃纳尔画出了许多杰出的作品，《逆光下的裸女》就是其中的代表作。在这幅画中，勃纳尔运用颤动而精练的小笔触，描画了玛尔特赤身站在浴室的瞬间景象，阳光通过明亮的窗户照射在她身上，她优美而富有活力的身姿就像古希腊雕像一般令人着迷。整幅画构图唯美，色彩生动明快，富有乐感和神秘性，堪称纳比画派的典范之作。

画不厌的浴女图

勃纳尔爱画室内场景，尤其爱画妻子在浴室里洗浴的情景，除了《逆光下的裸女》，他还画有《化妆》《在浴室》《浴女》《弯腰的裸女》《斜着身子的女人》等浴女图。在这些画中，玛尔特或浸泡于浴缸中，或刚刚出浴、正在穿衣，或正拿着浴巾弯腰擦身体，姿态各异，动作自然生动，看上去不像是在为勃纳尔摆姿势。

勃纳尔之所以画如此多浴女图，不是他存心要玛尔特在浴室摆出造型来画她的裸体，而是因为妻子玛尔特非常喜欢洗澡，据说她出门前要洗澡，回家后要洗澡，起床后要洗澡，入睡前还要洗澡，一天中有大量时间都花在了洗澡上，这让勃纳尔不画洗浴中的妻子都难。

至于玛尔特究竟为什么这么喜欢洗澡，一种说法是她有洁癖，总觉得自己不干净；也有一种说法是，她年轻时就身患疾病，多洗澡对她的健康有好处。不管怎样，命运就是这么爱开玩笑，玛尔特生前患有自闭症，不愿被人看见，为此她外出时勃纳尔不得不用伞为她遮挡别人的视线；到头来，她却因为勃纳尔的这些沐浴图，成了绘画史上最经典的浴女形象。

勃纳尔《浴女》

不过，勃纳尔画的并不是写生画，他画的是过去，是记忆中某个拥有亲切气氛的瞬间。他曾如此描述他创作的过程："我回想，睡觉，做梦"，然后画他梦见的东西。因为不是写生，所以经过记忆加工的素材变得模糊而抽象，当它们在勃纳尔笔下再现时，便拥有了一种朦胧和神秘的特色。

此外，勃纳尔对妻子非常体恤，他画玛尔特时，多半都采取侧面、背面的角度，即便要画正面，画的也是玛尔特低着头的样子，他把玛尔特的面部画得很模糊，令人看不出她的相貌。而且，尽管岁月流逝，尽管玛尔特渐渐由一个体态丰满的妙龄女子变得皮肤松弛、老态龙钟，但在勃纳尔笔下，或说在勃纳尔眼里，她却永远年轻美貌，充满了青春活力。

或许正因有勃纳尔这样一个贴心的情人与丈夫，曾被医生预言可能活不过四十岁的玛尔特一直活到了七十三岁高龄。

玛尔特去世后，勃纳尔感到非常孤寂，他专为爱妻修建的奢华浴室空荡荡的，再也见不到玛尔特沐浴的身影。五年后，勃纳尔也步爱妻的后尘而去，留给世人的是那些记录了爱与琐碎日常的画作。除浴女系列，还有一些色彩斑斓、颇具装饰性的风景画和静物画，如《金合欢花的工作室》《花园里的阶梯》等，都是这位色彩大师的杰作。

勃纳尔《卡根斯景观》

恣意践踏艺术传统的“野兽”
——马蒂斯

画家：亨利·马蒂斯（Henri Matisse，1869—1954）
国籍：法国
代表作：《舞蹈》
类型：油画
艺术风格：野兽主义

在病房找到了人生

说起野兽派，人们首先会想到一个名字——亨利·马蒂斯。

亨利·马蒂斯是野兽主义画派的创始人，也是 20 世纪最伟大、最出类拔萃的绘画大师之一，不过关于他是如何走上艺术道路的，许多人并不知情。

和多数艺术大师不同，马蒂斯并没有从小就彰显出卓越的绘画天赋，也没有从小就立下当一名画家的志向。他出生于一个小商人家庭，父亲是一家杂货店店主，同时也出售种子，因此继承家业当一名商人是父亲对儿子的期望。然而，马蒂斯对当一个商人没有兴趣，可是他自己似乎也不知道自己究竟该干些什么。他浑浑噩噩地度日，不知不觉就长成了一个青年。

1887 年，18 岁的马蒂斯顺应潮流，报考了一所法律学校。他很顺利地完成了学业，然后回到家乡附近一个名叫圣·康丹的地方做了一名律师助理，主要的职责是抄写存入档案的资料。但这份工作完全无法激起马蒂斯的热情，他觉得每天和一堆文件打交道的日子无聊透顶，工作干得懒洋洋的，闲来无事时，他就用射豆枪和纸团攻击从窗前走过的路人，而这竟成了他的一大爱好。

因为马蒂斯的不上进，父亲对他十分失望，父子俩的关系由此变得紧张。马蒂斯活得很有压力，也不开心，但一直找不到出路，直到 1890 年的一天，他因阑尾炎住进了医院。当时，他看到隔壁病床上的病人正用油彩临摹风景画，马蒂斯觉得很有意思，便请求母亲也给他买些简单的画材来，好让他在百无聊赖的卧床休息期间有事可以消遣。没想到，当马蒂斯拿起画笔开始临摹一幅平版画时，一种从未有过的奇妙的感觉抓住了他，令他激动万分。事后回想此事，马蒂斯说：**“从我拿起颜料盒的那一刻起，我就知道这是我的人生。”**

如果说此前，马蒂斯就像一只孤独的船，在幽暗无边的大海中漂荡了整整 21 年，那么现在，这只迷失的船终于找到了灯塔，他怎能不奋勇前行？终于找到人生目标的马蒂斯很快辞掉了律师助理的工作，并进入当地一家艺术学院学习，但这显然无法满足马蒂斯的野心。1891 年，马蒂斯不顾父亲的强烈反对，在与父亲大吵一架之后毅然离开家乡，来到了巴黎。

巴黎，对马蒂斯来说是一个全新的世界。这里是法国的文化中心和艺术中心，满街都是艺术家，知名的、不知名的，现在的和未来的，并且到处都是珍奇的古代建筑遗迹和艺术品。马蒂斯如饥似渴地呼吸着巴黎浸润着艺术熏香的空气，靠着一点微薄的生活费在巴黎安顿下来，进入培养了许多艺术大师的朱利安艺术学校学习。他得到了著名画家威廉·阿道夫·布格罗和象征主义画家古斯塔夫·莫罗的指点，尤其是莫罗画中那强烈的色彩、粗犷的笔触及他对于绘画中色彩的主观性论述，对马蒂斯影响深刻。莫罗说：**“美的色调不可能从照抄自然中得到，绘画中的色彩必须依靠思索、想象和梦幻才能获得。”**这一论点很合马蒂斯的胃口。

没几年，马蒂斯已成长为一个专业画家，他对学院派绘画驾轻就熟，得到了师长们的赞许。27 岁时，马蒂斯的 4 幅油画成功在国家美术联盟沙龙展出。这不啻为一个良好的开端，但马蒂斯不愿走四平八稳的路子，而是走了一条非同寻常的艺术道路。他在艺术上的理想是将色彩从配角的地位中解脱出来，不断进行颜色的试验，用纯粹的色域组织画面，以实现一种**“和谐、纯粹而又宁静的艺术”**。

艺术家中的“野兽”

为了创造一种全新的艺术，马蒂斯付出了惨重代价——他之前获得的成功付之东流，官方沙龙抛弃了他，收藏家和画商也抛弃了他，他的生活日渐变得窘迫，而也在此时，他的情人卡米尔·杰劳德因无法理解他选择的艺术道路与生活之路，也在 1897 年离开了他。

卡米尔·杰劳德是个漂亮的女子，马蒂斯初到巴黎时她曾给马蒂斯当模特，后来她与马蒂斯陷入热恋，并在 1894 年生下了可爱的女儿玛格丽特。马蒂斯本可以拥有一个幸福的家庭，他爱卡米尔，但更爱艺术，在卡米尔憧憬的生活和他所追求的艺术发生矛盾时，他毅然

马蒂斯《马蒂斯夫人》

选择了后者。

当然，才华横溢的画家不会缺少赏识他、爱慕他的人，艾美利亚·帕拉里就是这样的女子。她出生于一个有文化的家庭，父母都是理想主义者，她和马蒂斯结识于卡米尔离开的那年秋天，相识不久就陷入了热恋。然而，马蒂斯尝试过失败爱情的滋味，不想再重蹈覆辙，当帕拉里暗示想要结婚时，他坦诚地对她说：**“小姐，我很爱你，但我更爱绘画。”**不过，帕拉里并没有被马蒂斯的这句话吓回去，她是真心爱马蒂斯的，既然相中了这个男人，就决定为他付出一切。

因为帕拉里的坚持和自我牺牲的决心，她在 1898 年成了马蒂斯夫人。在此后的两年内，帕拉里先后生下了可爱的让和皮埃尔，但为了丈夫的事业，她将两个幼小的孩子送到了父母那里去抚养，她自己则留在丈夫身边，除安顿好所有的家庭琐事以免丈夫分心，同时还担任丈夫的助理，帮他做一些准备画布等绘画的准备工作，此外她还经营了一家帽子铺，以帮缺少经济来源的丈夫渡过难关。

在帕拉里的辅助下，马蒂斯除了赚取微薄的薪资以养活自己，剩下的时间则全身心投入创作中。他不断地试验色彩，不断去街头及咖啡馆写生，并大量研究印象主义、后印象主义、新印象主义等大师的作品，以从中汲取创作的灵感。

马蒂斯的作品越来越大胆。

1899 年，他创作的风景画、人物画和静物画已具备简洁的形体、鲜亮的色彩之特征，与他昔日的画作大相径庭。到了 1903 年，带有明显的“野兽派”特征的绘画在马蒂斯笔下诞生了，只是当时，这种造型粗犷、色彩强烈的作品尚未被冠以“野兽派”的名称。

马蒂斯被称为“野兽派”画家，是在 1905 年之后。

1905 年，在法国巴黎的秋季沙龙画展中，发生了一起现代艺术史上有名的事件。当时，年轻画家马蒂斯、弗拉芒克、杜菲等人的一批造型粗犷、色彩强烈的作品，都被有意集中在一个展厅里展出。尽管马蒂斯认为自己的作品在尽可能向“和谐、纯粹而又宁静的艺术”这个目标靠近，可他的作品在观众和评论家看来一点也不和谐。当批评家沃克赛尔走进那个展厅，看到马蒂斯的作品及一批与他风格近似的狂野的作品时，顿时被震慑到了，他看到展厅中央摆着一尊文艺复兴时期雕塑家多纳泰罗风格的雕塑，不禁感慨道：“多纳泰罗被一群野兽包围了！”

“野兽派”的说法不胫而走，而马蒂斯、弗拉芒克、杜菲等画家也因此被冠上了“野兽派画家”的名号。尽管马蒂斯很不喜欢这个名称，但他却成了这一画派的领袖及最典型的人物。

在 1905 年的那次画展中，马蒂斯那些色彩极为明亮和强烈的作品引起了一些人的非议，但同时也为他带来了声誉，并引起一些收藏家的关注，譬如美国收藏家史丁、俄国收藏家舒金等，他们愿意支付慷慨的酬金，以鼓励马蒂斯继续探索他独特的艺术。

正是在这些富有的赞助人和收藏家的支持下，1908 年，马蒂斯创作出了名画《红色桌子》。紧接着，1909 年到 1910 年间，马蒂斯创作了他最负盛名的作品《舞蹈》。这是一幅大型油画作品，灵感来自马蒂斯有一次见到的一位加泰罗尼亚渔夫在地中海岸边翩跹起舞的情景，全画只有单纯的棕红、绿、蓝三色，棕红的人体与绿色和蓝色组成的背景形成强烈对比，而巨大的尺寸更加深了颜色的力量，使整幅画看上去无比震撼。

马蒂斯《舞蹈》

如果说“和谐、纯粹而又宁静”是马蒂斯对艺术的终极目标，那么《舞蹈》已非常接近这个目标，它使用的颜色少之又少，且各自分明、非常纯净，画中的形体和背景也几乎被简化到了极致。然而，和许多历史上的杰作一样，这幅极为简练、充满生之欢愉与原始能量的杰出作品，在刚展出时却不被人们看好，批评家们认为这幅画粗糙原始、兽性浓郁，连这幅画的订购者舒金在见到成品之后也惊讶不已，几乎想要终止交易。不过舒金最终还是敌不过这幅画的魅力，以一万五千法郎的高价买下了这幅杰作。

剪纸达人

自 1905 年沙龙上成名之后，马蒂斯的创作渐入佳境。他名声远扬，其个展在巴黎、纽约、莫斯科、伦敦、斯德哥尔摩、柏林等城市辗转展出，他也借这些机会满世界旅行，从各种不同的文化中汲取创作灵感。马蒂斯已然是国际画坛上最活跃的画家之一。

1914 年，第一次世界大战爆发，马蒂斯的两个儿子都应征入伍，马蒂斯也想参军，但此时他已 45 岁，被拒绝了。战争期间，马蒂斯来到法国蔚蓝的海岸尼斯港过冬。在尼斯，他拥有一间安静的画室，室内的女人及静物成了他最喜欢表现的绘画题材。

战争结束后，马蒂斯的绘画语言越来越精妙，并且他的创作渐渐从油画扩展到雕塑、版画、壁画、插图等方方面面，他在各方面都表现出过人的天赋，60 岁时，他已被同时代的人推为 20 世纪最负盛名的美术巨匠。

马蒂斯的事业越来越成功，而在他背后默默付出的艾美利亚·帕拉里却病倒了，马蒂斯需要一个新的能够无微不至照顾他并能高效辅助他工作的人，于是聪明能干的俄罗斯女人莉迪亚·德莱克托斯卡亚乘虚而入，在帕拉里卧病在床期间取代了帕拉里的位置。

帕拉里无法忍受马蒂斯的不忠，要求马蒂斯做出一个了断，要么选择她，要么选择莉迪亚。马蒂斯不知所措，难以在两个爱人之间抉择。帕拉里对马蒂斯的一拖再拖失去了耐心，于是在 1939 年与马蒂斯协议离婚，并要求马蒂斯将一半的绘画给她，因为这些画虽为马蒂斯创作，但她也为此付出了巨大的心血。

然而，当马蒂斯的感情终于有了一个了断时，第二次世界大战爆发了。一些艺术家因此改变了绘画主题，开始描绘战争的痛苦，用自己的方式来对抗邪恶的法西斯。尽管岁月动荡，马蒂斯却依然故我，即便被人指斥逃避责任，他也照旧沿着自己的思路创作。关于艺术，他有过一段著名论述：**“我所梦想的是一种纯粹、宁静、平衡、不含有使人不安或令人沮丧的题材的艺术，对一切脑力工作者，无论商人还是作家，它像一种镇静剂，或者像一把舒适的安乐椅，对心灵进行抚慰，使身体消除疲劳。”**

马蒂斯的脚步一直追逐着“纯粹、宁静、平衡”的绘画理想，直到1941 年，72 岁的他不幸罹患十二指肠癌，他经历了两次痛苦的手术，身体变得非常虚弱，从此再也不能站在画布前作画。但马蒂斯从未停下来，很快他又开始了一种新的艺术创作——剪纸。

卧室成了马蒂斯的工作室。当时的马蒂斯已是一个头发和胡须都花白的老人，他却像个孩子一般，拿着一把剪刀，躺在床上裁剪着一片片的色彩，剪出了《蜗牛》《爵士》《戴面具的画板》《蓝色的裸女》等杰出的剪纸作品。

马蒂斯剪纸《蜗牛》

对于剪纸，马蒂斯是认真的。在他看来，剪纸的过程就是**“用剪刀绘画”“直接将鲜活的颜色剪出来”**。

朋友和敌人

马蒂斯是一个非常上进和勤奋的艺术家，自从踏入艺术的门槛，他就不断鞭策自己，超越自己。而他之所以能在艺术上不断精进、在年老病重时仍坚持严肃的创作，除了对艺术的热爱，还有一个人也起到了至关重要的作用——毕加索。

马蒂斯和毕加索相识于 1906 年。自 1905 年沙龙之后，马蒂斯身价百倍，名声也渐渐传播开来，赏识他的人、购买他作品的人越来越多，旅居法国的美国女作家格特鲁德·因斯坦便是马蒂斯作品的收

马蒂斯《有茄子的室内景》

藏者之一。因斯坦喜欢收藏印象主义、后印象主义、立体主义等具有现代风格的绘画作品，对马蒂斯和毕加索的作品也非常喜欢，在她看来，尽管两人画风截然不同，却都有着“属于天才的雄性气质”。作为作家兼收藏家，因斯坦的家中常常高朋满座，正是在因斯坦的撮合下，1906 年，马蒂斯结识了他人生中最为亲密的敌人或者说对手——毕加索。

马蒂斯和毕加索相识之时，37 岁的马蒂斯已功成名就，而比他小 12 岁的毕加索则仍在“洗衣坊”过着波希米亚式的穷画家生活，当时毕加索刚走出“蓝色时期”，正转向“粉红时期”。

马蒂斯和毕加索的性格几乎可以说截然不同：马蒂斯如一块冰，风度翩翩、不苟言笑；毕加索则如一团火，热情洋溢、年轻气盛。他们两人，恰如马蒂斯后来所说，**“如北极和南极那样的不同”“在毕加索身边，我是个娇美的姑娘，一切都和他正好相反”**。

因斯坦是出于好意才安排她心目中的两位天才见面的，不料初次见面，马蒂斯和毕加索就较上了劲。据毕加索女友对马蒂斯的回忆，**“他像一位艺术界的长者……坚持己见，并且不惜花费时间去说服别人”**——由此可见，马蒂斯和毕加索不仅性格不同，艺术观点也截然不同，否则马蒂斯就不必**“不惜花费时间去说服别人”**了。但马蒂斯的坚持己见显然惹恼了毕加索，以至于毕加索在日后抱怨道：**“马蒂斯滔滔不绝，我却说不上什么话，只顾回应，哦，哦，哦，实际上，我只是该死的莫名其妙！”**

在第一次见面之后，毕加索和马蒂斯就建立了一种非常奇特的关系——既是朋友，又是彼此的敌人。毕加索对马蒂斯怀有嫉妒，据说曾将马蒂斯的肖像画当飞镖靶子，并且出言不逊，声称**“与我相比，**

马蒂斯只是一个少妇”，而马蒂斯对毕加索的态度虽没那么激烈，不过也暗中将这位后生看作竞争对手。1907 年，毕加索创作出名作《亚威农少女》，名声大噪，他试图以自己的立体主义与马蒂斯的野兽主义分庭抗礼，而马蒂斯则对毕加索表现出一副不屑一顾的态度，大骂《亚威农少女》是对现代艺术的亵渎和嘲弄，还扬言要搞垮毕加索。

两位绘画天才的竞争渐渐变得公开化、白热化，他们通过不断超越自己以超越对手；但他们又并非真正的敌人，他们会收藏彼此的作品，会一边大骂对方，一边又给予对方崇高的评价。在他们共同的朋友面前，马蒂斯作为长者，总是对毕加索问长问短，连生活琐事也不忘关心一下。在艺术上，马蒂斯曾以他的方式影响了毕加索，比如，马蒂斯对非洲土著雕刻非常感兴趣，他自己的创作就深受非洲艺术的影响，尽管与毕加索是竞争对手，他还是将非洲的雕刻艺术介绍给了毕加索。

而毕加索对马蒂斯也不错。晚年时，马蒂斯罹患十二指肠癌，术后半身瘫痪，行动受到限制，当年在画坛叱咤风云的人物如今却被困在床，难免感到寂寥，好在毕加索常将他那辆心爱的西班牙轿车驶向马蒂斯的寓所，这令马蒂斯深感安慰。每当毕加索要离开时，马蒂斯总会不舍地喃喃自语：**“希望你常来，我们应该在一起多聊聊。如果我们俩有一个死了，有些话，另一个人就再也没法跟人说了。”**

不过有意思的是，有一次，为让晚年的马蒂斯感到高兴，毕加索去看望马蒂斯时特意叮嘱随行的女友穿上马蒂斯颇为喜爱的紫色和柳绿色服装。毕加索的细心与周到令马蒂斯非常感动，他大喜过望，主动提出要为毕加索的女友画肖像。不料马蒂斯此举却惹得毕加索很不高兴，他醋意大发，事后颇为不满地嘀咕道：“太过分了，我跑去难道是给莉迪亚（马蒂斯晚年的秘书和女友）画像吗？”

马蒂斯和毕加索这两位绘画天才的友谊一直保持到马蒂斯去世。1954年，当马蒂斯去世时，毕加索没有去参加他的葬礼，但数月之后，毕加索却像着了魔一般一口气画出15个版本的《阿尔及尔的女人》。《阿尔及尔的女人》本是浪漫主义大师德拉克洛瓦的作品，毕加索对其进行了再创作，并在画中融入了马蒂斯的色彩，使画作带有浓郁的野兽主义色彩——这是毕加索在以自己的方式表达对马蒂斯这位老友的悼念。

“黑暗与死亡的画家”
——鲁奥

画家： 乔治·鲁奥（Georges Rouault，1871—1958）
国籍： 法国
代表作：《老国王》
类型： 油画
艺术风格： 野兽主义

彩色玻璃画学徒

在12世纪到15世纪，哥特式艺术作为中世纪艺术发展的一个顶点，曾横贯建筑、雕刻、绘画等领域，风靡欧洲很长一段时间。而随着哥特式建筑的兴起，彩色玻璃镶嵌画开始大行其道。

作为绘画的一个种类，彩色玻璃镶嵌画早在拜占庭时期就已存在。但是，由于当时的建筑物窗户较小，导致彩色玻璃镶嵌画无法起到明显的装饰作用。到了12世纪，圣德尼大教堂的西面建筑被大量重建，新修的部分恢宏壮丽、规模庞大，具有典型的哥特式风格，窗户面积大大增加。当时的院长苏热要求教堂内部照射有连绵的彩光，因为在他看来，借助注视华丽的材料可以帮助普通人提升精神，使其更能完全注视上帝的国度。从此，玻璃画成了哥特式艺术不可或缺的一部分。

不过，彩色玻璃画并非由一整块玻璃组成，而是由几百块在玻璃熔炼炉内添加了锰或钴等化学剂而生成的半透明彩色小玻璃组合而成。熔炼炉内添加的化学剂不同，小块玻璃的颜色就会不同。这些不同颜色的小块彩色玻璃，根据需要裁切成各种形状，然后用铅线连缀在一起，就成了大幅华丽的彩色玻璃画。

彩色玻璃画曾在欧洲的教堂装饰中盛极一时。欧洲中世纪的知名大教堂，如圣德尼大教堂、巴黎圣母院、布杰大教堂、夏特尔大教堂等，都无不拥有华丽灿烂的彩色玻璃画装饰艺术。

生活在 19 世纪的乔治·鲁奥和彩色玻璃画之间的联系，是为这些教堂里已经颇有些历史的装饰艺术做修复工作。

鲁奥生活在一个动荡的年代。1871 年，他那大腹便便的母亲为躲避凡尔赛军队的炮轰躲进了巴黎小别墅街 51 号的地窖里，结果鲁奥就出生在了那里。鲁奥的父母只是极为普通的平民，但这个过日子尚且勉强的平民家庭却沾有几分艺术气息：鲁奥的父亲是个细木工匠，母亲则从事瓷器绘画，鲁奥的祖父是一个业余画家，对伦勃朗和库贝尔敬重有加。鲁奥从小受到艺术的熏陶，14 岁便进入玻璃画画家莫尼的工作坊当学徒，后来因为生计需要，他早早地步入了社会。为大教堂修复旧玻璃画，便是鲁奥最初的工作。

对于最初的这份职业，鲁奥自己是这样看待的：

我有时在他（老板）家吃饭……一天剩下的时光我会做一些既不挣钱又愚蠢的时髦活计……这段时间是我的天堂……我和这

些有缺陷的复制品在一起，它们设计得很精巧，就要被做成橱窗马赛克玻璃作品，而不是那些有起伏、有立体感和有光线明暗的绘画作品。这段时间里我生活得很惬意……

19 岁那年，鲁奥将绘画视为毕生事业，考入巴黎高等美术学院专门学习绘画，成为名画家古斯塔夫·莫罗的学生，同时也接触了大量大师的杰作。但少年时代的彩色玻璃画就像是生命底色，铺在了鲁奥的意识深处。有人说，鲁奥的绘画色彩醒目、凝重又对比强烈，很容易令人想起欧洲老教堂那些美轮美奂的彩色玻璃画，或许正是由于这个原因。

“黑暗与死亡的画家”

在鲁奥的一生中，古斯塔夫·莫罗是对他影响非常深刻的一个画家。

莫罗是鲁奥的老师。对于这位老师，鲁奥是这么评价的：“他努力启迪我们，让我们向前人学习，向大自然学习，以此培养我们的审美能力，既没有严格的戒规，也没有清教徒般的清规戒律。……他是那样的婉转而有分寸，对于生命，对于细节，他所赋予的尊重总是那样的优雅。……他对什么都怀有兴趣，对那些最卑微的人充满了热切的同情。……每当有竞赛，他总是勇敢地保卫我们。……莫罗身上永远闪耀着一种淡淡的智慧光芒……”

对于莫罗，鲁奥总体上怀有崇敬之情。他热爱他的老师，同时也深受其影响。比如，莫罗非常喜欢提香和乔尔乔涅的作品，受他影响，鲁奥也喜欢上了这两位大师。又如，莫罗曾鼓励学生们：“不要热衷于昙花一现的时髦所带来的成功，不要为这种成功所迷惑。”鲁奥便是这一观念的拥护者和践行者之一，他曾说过这样一段话用来表明自己的立场：“平衡、秩序和节制不是肤浅的外表，不是为了炫耀的自我表露，而是发自内心地用一生付出的最深沉、最深情的奉献，不仅如此，还要能够做到不为功劳、成就或荣誉而懈怠，不趾高气扬，不为名流身上的珠光宝气所动容。”

同样是莫罗的学生，亨利·马蒂斯是快乐的，鲁奥却深沉而忧伤。鲁奥并不反对绘画可以快乐，对于马蒂斯，他曾如此评价：“你有才，你愉悦，这一点必须承认，你是用天赋在覆盖平淡的画面”。尽管如此，他自己却习惯用晦暗的色彩描绘舞台上的小丑、街头贫苦的流浪汉和受尽屈辱的妓女。如创作于1917年的《老小丑》，创作于1932年的《受伤的小丑》等。这些画中的主角有许多都是生活在社会底层的人，他们的生活通常由不公和苦难谱写而成。鲁奥并没有刻意选择这些题材，他只是自然而然为之，他所画的都是他眼睛所看到的社会百态最真实的一面，也是他最真切的内心感受。他自己曾有很长一段时间生活在贫困中，饱受心酸和苦楚。除了对底层生活有着深切的感受，鲁奥还对人生有着深刻的洞见与认知。因此，当他看到小丑的时候，他说：“我清楚地看见，那个‘小丑’就是我，就是我们……就是几乎我们所有人……这件华丽闪亮的演出服，是生活所赐予我们的。我们大家或多或少都是小丑……”

在鲁奥看来，“艺术是释放，是痛苦生活中的内心欣悦，是直至死亡的战斗”。他认为艺术创作“应当允许那些最穷困的、从事并且热爱这门艺术的人说出自己的苦衷或者表示自己的态度”。鲁奥的作品，就是他自己心灵的释放，是他与生活抗争的结果。

和鲁奥同时代的批评家曾用“黑暗与死亡的画家”来形容他。虽然是一种贬低，鲁奥对此却并不反对，他甚至说：**“他们没有因此意识到把‘黑暗与死亡的画家’这顶桂冠加给我是对我的恭维吗？他们这样做看似贬低我，实际上却抬举了我，因为他们是将一个我自认为受用不起的荣誉角色给予了我。”**

鲁奥《敲鼓的小丑》

克制的独行者

鲁奥是一个清醒的画家，他知道自己在绘画中追求着什么，也知道绘画对自己意味着什么。

形式、色彩、和谐——这是他一生的理想与追求。

关于这三个词语，鲁奥有着自己的见解。为此，他专门写了一篇文章来阐述他的观点。在文章中，他如此说道：

形式、色彩、和谐，虽然人们制造出那么多相互违背、相互矛盾的理论，有些充满智慧，有些却很疯狂，但是人们还是不怀疑这些绘画语言的表现力和影响力。

艺术是一种令人羡慕的发泄方式，它可以是强烈的忏悔，可以是意愿同极其丰富多样的表现手段的融合……

爱天下的一切吧——光明是如此美好，中间色，甚至黑暗都很美。在痛苦和不幸面前不要逃开，就像被猎犬围住的鹿——丝毫不要让步，你非常清楚自己内心的感受，不要为不可靠的利益、特权、骗人的荣誉让步。

艺术就是选择，挑选，甚至是内在的等级。

鲁奥自信且执着地坚持着自己的艺术理想，追求着艺术所能带给人的生气、力量、优雅和热忱。在艺术追求上，他的表现方式是多样的，油彩、粉彩、水彩、版画，都是他展现内心艺术的材料和工具。但是，在艺术家云集的法国艺术之都巴黎，鲁奥从来不参加任何团体活动，也不介入任何艺术流派的纷争，他始终都是一个人，默默地探求着艺术，甚至有意识地与其他艺术家尤其是评论家保持着距离。

鲁奥《新娘》

曾经有一段时间，鲁奥和自然派画家雷诺阿都住在离拉罗什佛科街博物馆不远的同一层楼上，一个住这头，一个住那头。当时，雷诺阿已经享有盛名，但比雷诺阿小了整整30岁的鲁奥则还是个默默无闻的穷画家。因为害怕，担心雷诺阿会笑话他，会出其不意打乱他固有的习惯和嗜好，鲁奥竟然在整整一年中刻意与雷诺阿保持距离，没有和雷诺阿说过一句话。

鲁奥很少与同行往来，始终保持着自己的独立思想和自由精神，从不盲目崇拜或迷恋，但对过往的绘画大师和同时代的伟大画家却心存敬仰之情。

在所有画家中，鲁奥最为崇敬的莫过于保罗·塞尚。他从来没有和塞尚见过面，却亲切地称塞尚为“塞尚老爹”。在他看来，塞尚是少有的真正的画家，他“**在古老的技法中寻求材料并以极其自然的方式完美地掌握了它**”，而且“**他的色彩和形式结合得多么完美**”，他的画面构成“**因为有了纯粹、完整、美丽的绘画价值而非常协调、平衡**”。在鲁奥早期的绘画中，占突出地位的蓝色和雄伟的结构，显然受了塞尚的影响。

鲁奥《老国王》

而塞尚对鲁奥影响最大的，还不是他所取得的艺术成就，而是他的生活及他对艺术孜孜不倦的追求。当鲁奥的艺术道路陷入困顿时，是塞尚照亮了他的路，给他的内心带去了温暖和慰藉。

而鲁奥自己也试图成为塞尚那样的人。不论他笔下受难的基督，还是带有几分悲伤又似乎带着几分快乐的老国王，粗重的黑色线条和厚重的色彩所构成的画面，总是隐含着宁静和虔诚的基督教精神。

鲁奥曾说，艺术是他**“黑夜里的呐喊、嘶哑的抽泣、压抑的笑声”**，曾经使他**“那样幸福，那样疯狂，使我忘掉最黑暗的忧伤”**。同时他也坚信，画家的使命在于向世人昭示超自然力量的神秘面孔。他通过艺术创作探索着关于人生和生命的奥秘，同时也通过艺术作品将自己的探索成果分享给他人。

在各种流派的边上

世间鲜有幸运儿。

和绝大多数不愿迎合时代潮流的非主流画家一样，鲁奥的艺术生涯一开始并不顺遂。虽然他很早就开始了独立画家的生涯，但直到1898 年在莫罗博物馆任职之前，他一直囊中羞涩，生活过得非常艰辛和贫苦。

1898 年，鲁奥在莫罗博物馆获得了 2400 法郎的薪酬，经济状况有些好转。10 年后，他结了婚，两个孩子的到来又不禁使他捉襟见肘。多亏他的妻子马尔泰温柔贤惠，无怨无悔地支持着他的艺术理想，他才得以抛开世俗羁绊，继续心无旁骛地以一颗赤子之心从事着完全属于自己的艺术创作。

在 1910 年到 1911 年间，40 岁的鲁奥在杜耶画廊举办了人生中第一次个人画展。他的浓墨重彩很不对批评家们的胃口，其作品被媒体批评得体无完肤。

面对世人的不理解，鲁奥感到很孤独，但他不作辩解，也绝不妥协。当他站在自己的画布面前，他就什么都忘了，立马变成一个纯真的孩子，以最大的坦诚来面对创作。

一直到了 60 岁左右，鲁奥才逐渐得到了世人的赏识。他在巴黎和国外举办了一场又一场画展，一时声势如日中天。世俗的成功多少令鲁奥感到欣慰，但他始终保持着理性。他曾给他的老朋友安德烈·苏亚雷斯写信说：**“我天性里可怕的一面是我从不会自我满足，我不会去完全享受成功的喜悦，因为眼睛里和头脑里所看所想的都是我还需要不断进取努力。”**

除了绘画，鲁奥也写作，还创作诗歌。他的语言通俗古朴、干练有力，文字率真坦诚、充满真知灼见。和他的绘画一样，他的文字也充满了悲伤的基调，同时又包含广博的怜悯之心。

如他的一首小诗：

悲伤的新世界在啼哭
新的建筑
不会再那么朴素
天空纯净
安琪儿却痛苦
午夜敲响了：
孤独，肮脏的生活
所有苦役犯梦想着去爱
在离开她之前
只为博她一笑

不论文字还是绘画，都是鲁奥内心想法和感情的自然流露，他并没有刻意要通过艺术来呈现某种观点或立场。正如他自己所说：“我的色彩和形式只是我想法的粗糙外表，它们和我的想法，或者说至少是我的感觉相得益彰。但我从来没有想装出一副思想者的模样……那不是我的使命。”

鲁奥不喜欢被轻易谈论。既不喜欢人们谈论他的私生活，也不喜欢人们妄议他的作品。他曾郑重地告诫世人：“写我如果不是为了赞美艺术，就不要写。不要把我当成造反或者反对什么人的冒烟的火把，我所做的事情微不足道，不要赋予我那么多重要性……”

鲁奥喜欢躲起来，躲在远离人群、远离嘈杂的地方默默工作。他始终在努力尝试用艺术来探求理想，希望“以我们的作品来保护我们自己”。

然而，生活总是处处充满陷阱，不小心踏入就会成为无辜的受伤者。

1939年，年近七旬的鲁奥遇到了人生中一件颇为懊恼的事——他的一个极为重要的赞助人、收藏家沃拉尔先生因交通事故突然身亡，而1913年的时候，沃拉尔买下了鲁奥画室里全部已完成和未完成的作品，许多画作上都没有鲁奥的签名。沃拉尔去世后，那些既没有签名也没有结算款项的作品的归属权成了一个问题，为此，鲁奥和沃拉尔的继承人展开了一场长达8年的作品归属权之争。

1947年，法院终于裁定鲁奥胜诉，足足700幅未完成的绘画重归鲁奥所有。但在法院判决那天，76岁的鲁奥竟当着法官的面，烧毁了那些赢回来的倾注了他大量心血的作品，剩下的大部分作品也在之后被鲁奥自己焚毁。

鲁奥曾在一封写给雅克·马里坦和拉伊萨·马里坦的信中谈及这件事，他说：**“在1939年到1946年，只有丢失的时光……我认为我自己就是被垄断企业剥削的最后一个代表……我更爱我的绘画艺术，也想要一种平静——直到我75岁的今天，我一直在调整自身的致命错误（在这个行将走向瘫痪痴呆的物质世界）：和沃拉尔在一起的时候缺少那么一点机灵，想绘画的事比想生意上的事情的时候更多，缺少像蛇一样的机敏审慎……”**

鲁奥没有交代为什么要以烧毁的方式对待自己的作品。或许是出于愤怒，或许是出于对这个充满攻击和算计的物质世界的反抗，又或许是因为白白浪费了这么多年的宝贵时光。虽然赢回了作品，但他深感疲惫，知道自己已无力去圆满地完成这些画作，似乎只有烧毁了这些画作，他的内心才能重新获得安宁与平静。

鲁奥焚画之举给世界艺术造成了巨大损失，但对于他自己，他没什么好说的。

这场官司耗费了鲁奥大量宝贵的时光，也使他精疲力竭，还在一定程度上损害了他的名誉。为此，鲁奥曾无奈地自嘲：**“哎呀，在不知不觉间，我一步步成了一个‘明星’，这太可怕了。”**

好在这场官司过后，鲁奥的晚年生活重新获得了平静。他的身体单薄虚弱，但没有妨碍他继续创作。他有了新的赞助人，那些敬仰他的人在他 80 岁生日时在巴黎夏洛宫为他举办了“向鲁奥致敬”的庆祝活动。

1958 年，鲁奥以 87 岁高龄与世长辞。法国政府为他举行了盛大庄严的国葬。鲁奥已逝，他那些独特的珍藏着他过往经验、人生智慧和生命情感的绘画却留了下来。艺术评论家们倾向于将鲁奥归入野兽派，但实际上，鲁奥既不是野兽派，也不是表现主义，用他自己的话说，他其实是**“在各种流派的边上”**。

从“造型数学”到“纯粹抽象”的风格派画家
——蒙德里安

画家：皮特·科内利斯·蒙德里安（Piet Comelies Mondrian，1872—1944）

国籍：荷兰

代表作：《红黄蓝的构成》

类型：油画

艺术风格：风格主义

在阿姆斯特丹起步

谈起20世纪的抽象画艺术家，蒙德里安是一个不得不提的名字——他是荷兰抽象画艺术的先驱，从立体主义的风格中发展出了绘画的新造型；是风格派最核心的人物，被尊为“新造型主义之父”。蒙德里安和伦勃朗、凡·高一起，被誉为荷兰历史上最伟大的画家。

提起蒙德里安，人们很容易想到他那些风格鲜明的“三原色”抽象画，如他那幅著名的《红黄蓝的构成》：几条黑色的直线垂直相交，构成一个简单明了的画面，红色、黄色、蓝色三种绘画的原色分别被填充在由黑色线条构成的位于三个角落的矩形框内。这样的抽象绘画便是蒙德里安的原创。在他之前，从未有人画过这样的画作。且不论此类艺术作品在美术史上意味着什么，蒙德里安自踏入艺术门槛到找到自己的风格，足足探索了几十个年头。而在成为大师之前，蒙德里安也和绝大多数画家一样，在他的故乡荷兰过着默默无闻但不断探索的贫穷艺术家的生活。

1872 年，蒙德里安出生在荷兰一个颇有艺术氛围的小学校长家里，他的父亲是绘画爱好者，叔叔是一名职业画家。在父亲和叔叔的影响之下，蒙德里安顺理成章地走上了绘画的道路，17 岁时他取得了小学绘画教师的证书，20 岁时拿到了中学绘画教学资格，并在同年来到首都荷兰及最大城市阿姆斯特丹进修绘画，接受系统的学院派训练。

阿姆斯特丹是欧洲重要的港口城市，发达的水运交通系统将整个城市划分成许多小块。17 世纪荷兰的黄金时代使几百年前的小渔村得到了空前发展，一跃成为欧洲最繁荣、最富裕的城市之一。在此后的两三百年间，随着政治局势的变幻，这座城市曾一度走向衰落，但在 19 世纪末，随着工业革命的到来及阿姆斯特丹—莱茵运河的成功挖掘，这座位于欧洲北部的大都市又迎来了第二春。

作为土生土长的荷兰人，阿姆斯特丹成为蒙德里安追求艺术的第一站。从阿姆斯特丹美术学院毕业后，蒙德里安专注于风景画写生——他的叔叔就是一名风景画家。此时，蒙德里安的画风仍比较陈旧，透露着 17 世纪荷兰绘画的精神和风貌。但彼时的阿姆斯特丹并不是封闭的，蒙德里安可以在这里嗅到印象主义、象征主义、表现主义等新锐艺术风潮的气息。凡·高、蒙克、高更……这些艺术大师的作品深深地打动了蒙德里安，让他认识到原来绘画还可以这样。新鲜的艺术影响着蒙德里安的创作，使他逐渐从传统转向现代。并且，蒙德里安开始有意识地进行构图训练，线条和色彩在绘画中的重要性逐渐显露。

然而，阿姆斯特丹虽然在经济上已然成为国际化大都市，在艺术上却远远落后于巴黎、慕尼黑等城市，这里的艺术氛围仍旧是保守的，并不鼓励创新。1903 年，蒙德里安因《静物》获得奖项，但此后多年，他在艺术上孜孜不倦的探索却没有获得回报。1909 年，当蒙德里安的新作在阿姆斯特丹博物馆展出时，评论界批评声一片，他的《红云》一画反响尤为不佳——阿姆斯特丹的评论家和艺术家无法接受他用粗犷轮廓线、强烈对比色和许多既“随意”又“粗糙”的大笔触构成的一片蓝色背景上根本谈不上壮观也谈不上美丽的红云。

这件事令蒙德里安非常失望。

尽管凡·高也出生于荷兰，但他并不是在荷兰取得成功的。蒙德里安决定效仿凡·高到法国去，去世界的艺术中心巴黎寻找适合真正的艺术生长的土壤。

在立体主义的影响下

1911 年，蒙德里安终于来到了向往已久的巴黎。充斥巴黎的各色新潮艺术和自由的艺术氛围令蒙德里安非常激动，而在五花八门的现代艺术中，对蒙德里安影响最深的是立体主义。

蒙德里安初到巴黎时，作为立体主义创始人的毕加索和他的好友布拉克正在实验“分析立体主义”，并且已经在巴黎大获成功。尤其是毕加索，这个艺术家兼地方博物馆馆长的儿子，的确是个不可多得的天才。13 岁，当他进入艺术学院学习时，他的同学都是 20 多岁的青年；而 26 岁，当多数向往艺术的年轻人仍处在苦苦探索艺术道路的初

蒙德里安《第 5 号作品》

期阶段时，毕加索已经创作出了《亚威农少女》，成为开天辟地的立体派创始人。

“立体派”这个名称来自马蒂斯的一句评论。1908 年冬，当时毕加索和乔治·布拉克向秋季沙龙提交了几幅他们新近创作的画作，这些画作完全抛弃了绘画中的透视原则，并彻底打破了常规的形体结构，运用灵活多变的造型将完整的形体层层分解、重组，整幅画看上去只有各种形状的立体几何图形。亨利·马蒂斯对这些新潮的绘画并不认可，轻蔑地评论说画中怎么只有“小立方体”，从此，“立体主义”就成了毕加索和布拉克那一时期同一风格绘画的标签。

言归正传。通过作品求得“人的彻底解放”是蒙德里安的艺术理想，这一艺术理念恰恰与立体主义先驱毕加索此时的追求不谋而合。因此，当蒙德里安看到毕加索的作品时，他一下子就喜欢上了这个比他小整整 9 岁的年轻艺术家。除了喜欢，还有佩服，因为毕加索此时已经走得比他更远。

蒙德里安开始研究毕加索和布拉克，创作于 1912 年的《灰色的树》便是他受立体主义影响的创作成果。整个画面唯有简单的黑色线条和灰色的背景，树枝间的空隙呈现出略带立体感觉的几何图形——尽管这棵树整体看上去仍很具体，但蒙德里安已迈出走向抽象的第一步。

接下来，受“造型数学”思想的启发，蒙德里安的作品变得越来越纯粹、抽象。如果说创作于 1912 年的《静物罐子 2》还能从由一堆方块、三角形、立方体等几何图形构成的彩色背景中一眼辨认出中间的蓝色罐子，那么到了 1913 年的《油画第 1 号》时，观众已经很难从整个画面几乎都是横线条、竖线条及由两种色块的作品中辨认出具体的形象。具体的物象消失了，取而代之的是极为简单的抽象符号。

蒙德里安逐渐摸索到了自己的路子，一条完全不同于毕加索和布拉克，也和同时代其他抽象派画家截然不同的路子。

1913 年，当蒙德里安的作品在巴黎独立沙龙展出时，艺术界和评论界开始注意到这些与众不同的作品。41 岁的蒙德里安得以在法国巴黎初露锋芒。

反战与抽象艺术

蒙德里安的艺术事业迎来了上升期，但父亲病危的噩耗迫使他立即回到荷兰去。处理完家事，身在阿姆斯特丹的他却听到了第一次世界大战爆发的消息。英国、法国、俄国、意大利、德国、奥斯曼帝国等欧洲大国纷纷卷入了这场可怕的战争。

人人都在谈论战争，处处都弥漫着硝烟和紧张气息。巴黎是回不去了。蒙德里安没有像很多艺术家那样投身战场，而是留在荷兰继续艺术创作。乡村风景画是他此时创作的重要题材之一。蒙德里安用新的技法和更为娴熟老练的笔触重拾年轻时的旧题材，他笔下的乡村景色充满了宁静和谐的韵味。或许正因为四处都是战火与硝烟，祥和平静的乡村景象才变得格外可贵。

当然，蒙德里安也没有放弃他的抽象绘画，并且他的抽象画在这一时期获得了关键性的发展。他尝试着用垂直交叉的线条和色彩来表现生活中的各种见闻，可以是音乐，可以是风景，甚至可以是他想要表达的一切。弧线、钝角、锐角渐渐从他的作品中退出，只剩下水平和垂直的线条，以及越来越简单的用色。

除了创作，第一次世界大战期间蒙德里安最大的动作便是创立“风格派”。这是蒙德里安和凡·杜斯堡、胡查、凡·东格罗等志同道合的艺术家朋友于 1917 年 10 月创立的荷兰抽象画派。《风格》杂志是艺术家们发表艺术观点、实现与外界对话的重要阵地，逐渐成为欧洲艺术界的前卫刊物。

正是通过《风格》，蒙德里安得以系统地阐述他的艺术理论和艺术思想。他喜欢将自己的艺术称为“新造型主义”，认为艺术应兼顾美学和生活，应根本脱离自然的外在形式，以表现抽象精神为目的，实现人神统一的绝对境界。

1919 年，第一次世界大战结束后，蒙德里安回到巴黎，致力于新造型主义作品的创作，并且发明了将画框旋转 45 度的构图法。将画框旋转 45 度，垂直相交的直线和画框的边线有了倾斜的相交，令人产生绘画主体结构可以向外无限延伸的感觉。

“风格派”的另一创始人杜斯堡也渴望使纵横线条的构图得到扩展，但与蒙德里安不同，杜斯堡主张将斜线引入构图。但是，即便旋转角度一样，旋转画框传达的效果和旋转横竖线条带来的效果也明显不同。当凡·杜斯堡主张将斜线引入“风格派”时，蒙德里安则坚持纵横线条的构图原则，两人的观念由此发生分歧。1924 年，蒙德里安离开“风格派”，开始独自创作。

第一次世界大战后将近 20 年的稳定时局令蒙德里安有机会得以安心地连续创作。在此期间，他画出了许多世人所熟知的“冷抽象”作品，如《红黄蓝的构成》《蓝与红的构成》等，和他早前的作品相比，线条和色彩都进一步走向了简化。

但蒙德里安对艺术的理解并不局限于画框之内。他将他画室的墙面和家具都涂上了白漆，并在墙上精心布置了彩色方块，使绘画空间

蒙德里安《杜伊芬得雷赫特附近农场》

成为作品的一种三维延伸。1934 年，当英国艺术家本·尼科尔森前往巴黎拜访蒙德里安时，他惊讶地感慨道：**“那些画对我来说全然是陌生的，我第一次去时还看不懂……对我来说，它们还仅仅是那间画室所带来的美妙之感中的一部分而已……我记得拜访结束后，我久久地坐在一家咖啡吧中……回味着画室中的光线以及他话语间和话语后的停顿、静默所带来的惊奇之感。在他画室的感觉应该是非常像在某个隐士的洞穴中，那里，狮子们会常常去光顾，让他把掌上的刺拔掉……”**

1938 年，刚安定下来的欧洲世界再度变得动荡。蒙德里安嗅到了危险的气息，于是在朋友们的帮助下果断撤离巴黎前往伦敦。1939 年，第二次世界大战爆发，伦敦也不再安全，蒙德里安又离开欧洲，动身前往美国纽约。

和有着深厚文化底蕴的欧洲相比，美国的艺术发展明显滞后，但以爆发于 19 世纪 60 年代的南北战争为界，此后的美国艺术逐渐走向成熟，涌现出了霍默、伊肯斯、卡萨特、赖恩等一批杰出艺术家。到了 20 世纪，各类新潮艺术的主要阵地仍在欧洲，但美国以开放的姿态迅速接纳、吸收着现代艺术的精髓。20 世纪后半期，随着“后现代主义”的兴起，美国已然取代欧洲，成为艺术家们向往的艺术圣地。

蒙德里安抵达美国时，恰值美国艺术从对欧洲艺术的学习、效仿，到开始融入美国本土精神、逐渐彰显独创性的飞速发展时期。在美国，一生中两次经历世界大战的蒙德里安对生命与世界有了更深刻的认识，这也促使他坚定地忠实于自己的艺术，勇敢地朝着自己的目标前进，创造出了《纽约》《百老汇的布基伍基》等仍旧充满“格子”但线条更为明亮的作品。

蒙德里安为美国艺术注入了新鲜血液。1944 年，72 岁的蒙德里安因肺炎在美国去世，他对纯粹与抽象的探求，永远停在了未完成的《胜利的布基伍基》。

蒙德里安的“格子”

构成蒙德里安作品的要素很简单，看上去只有些“上了色的格子”。但如果认为只要一把直尺、三五罐简单颜料和一支画笔就可以轻轻松松模仿蒙德里安的大作，那就大错特错了。

事实上，蒙德里安的作品具有深刻的内在含义。对蒙德里安来说，画作上的色彩和线条并不是为装饰而生，它们是在理性和直觉的引导下诞生的，是去除世间繁杂表象之后留下来的万物的真相。如果只是些随随便便涂抹上去的色块，蒙德里安的作品就不可能带给人美丽、安宁、静谧的和谐之感。

再则，即便抛开深层次的含义，单说绘画的视觉效果，要将几根简单线条和几种简单颜色排列构成一幅优美的作品，令人产生美感也并不容易。线条的粗细长短、彼此间的距离远近、色块的颜色配比都有着很深的学问。细看蒙德里安的作品，你会发现某根黑线在距离边缘几毫米的地方戛然而止，如果将那些黑线延长画实，效果就会大打折扣。蒙德里安画

蒙德里安《红黄蓝》

蒙德里安《第 13 号作品》

中的黑色线条和其他颜色交叠的边缘也有着微妙变化，使得泾渭分明的不同色彩相互融合，彼此映衬，并且每个色块的纹理也不尽相同。正是这些细微之处，彰显着蒙德里安作品独特的魅力。

再从蒙德里安创作作品的过程来看，他的作品也是很难模仿的：蒙德里安有个奇怪的作画习惯，喜欢“涂涂改改”，他的很多作品都会直接画在旧作上——把之前画布上的颜色刮掉，然后重新铺色。这就导致一个后果：蒙德里安作品的表面变得起伏不平，与市面上的仿作截然不同。

无处不在的蒙德里安

蒙德里安不易被模仿，却又是被模仿或者说被借鉴得最多的画家之一。

老子曾说：**“大道至简，衍化至繁。”**

蒙德里安努力将世间万物简化，去掉纷繁复杂的表象，力图在他的新造型艺术绘画中表现世界的本质。而被他简化到极致的“格子画”，又宛若时尚界的“万能公式”，被广泛应用于现实生活的各个领域。

最先从蒙德里安的“新造型艺术”汲取灵感的实物，是堪称家具设计史上的第一件现代家具——“红蓝椅”。这把椅子的框架共由 15

根相互垂直的黑色木头构成，黑木的两端及椅子的坐垫和靠背分别被涂上黄、蓝、红三原色。“红蓝椅”的设计师为荷兰著名建筑设计师和工业设计大师里特维尔德，他正是通过《风格》杂志从蒙德里安的作品中吸收了创作灵感。“红蓝椅”诞生的次年，里特维尔德加入了“风格派”，成为该艺术流派的一名重要成员。

数年之后，里特维尔德又发挥自己的创造才能，于 1924 年设计了著名的施罗德住宅。施罗德住宅光滑的墙面、简洁的体块、横竖线条错落有致搭接的构图，宛若一幅立体的蒙德里安绘画，成为“风格派建筑”的代表作品。

随后，蒙德里安的艺术理念又迅速蔓延到了服装设计行业。1965年，法国顶尖级时装设计大咖伊夫·圣·罗兰大胆将蒙德里安《红黄蓝的构成》引入时装，设计出了轰动一时的“蒙德里安裙”，这件作品和伊夫·圣·罗兰的吸烟装、黑色花边露背鸡尾酒服一起，成了伊夫·圣·罗兰最著名的代表作。

此外，据说位于美国旧金山的蓝瓶咖啡馆还研发了一款“蒙德里安蛋糕”。这家咖啡馆的室内装潢原本就具有极简主义的美学特色，坐在这样一家咖啡馆内吃一块具有蒙德里安绘画特色的蛋糕，应当别具一番滋味。

俄国至上主义创始人

——马列维奇

画家： 卡西米尔·塞文洛维奇·马列维奇（Kasimir Severinovich Malevich，1878—1935）

国籍： 俄国

代表作：《黑方格》

类型： 油画

艺术风格： 至上主义

西欧现代艺术的镜子

从19世纪后半期到20世纪初的数十年，可以说是西方现代艺术的大爆炸时期：后印象主义、野兽主义、立体主义、表现主义……各种“主义”和绘画流派像雨后春笋般崛起，它们自成一格，又相互影响，令这一时期的西方艺术看上去色彩斑斓，令人目不暇接，同时也充满活力。这个年代的艺术家们无不受到多种艺术思潮的影响，而俄国画家马列维奇的一生，则堪称是西欧现代艺术的一面镜子。

马列维奇出生于1878年，年龄比同时代的俄罗斯伟大画家康定斯基小12岁。和出生于知识分子家庭的康定斯基不同，马列维奇出生于基辅，他的波兰后裔父亲是一家糖厂的工头。生活于这样的家庭，马列维奇在童年不太可能享有全面而良好的教育，幸亏他自己是个天资聪明又勤奋好学的青年，通过广泛阅读、积极参加各类社会活动，倒也见多识广，颇具自己的见解和思想。

或许正因未系统参加正规的绘画教育（他只在 19 岁到 22 岁期间在基辅艺术学校受过相关教育），马列维奇对待艺术的心态是开放的。1896 年随全家搬到库尔斯克定居时，马列维奇爱上了自然主义。他当时就已结识了不少业余画家，扛着画架去大自然中写生是青年时期马列维奇的一大乐趣。

1905 年，27 岁的马列维奇来到了莫斯科，当时俄国正爆发革命，马列维奇加入了革命队伍。由于思想前卫，他被划入了左派艺术家阵营。马列维奇性格外向，具有很强的活动能力和组织能力，在到达莫斯科的第一年就策划活动、撰写宣言、组织画展，忙得不亦乐乎。

通过各种活动，马列维奇很快融入了莫斯科艺术圈。次年，他进入前卫艺术家费道·热伯格的画室工作，创作了一批以农村为题材的作品，作品深受塞尚、凡·高、高更、勃纳尔等人影响。不过马列维奇一直在探索，在 1910 年到 1911 年间，他的作品中又可见到野兽派的痕迹。

1912 年，马列维奇到巴黎游学，当时毕加索已创作出《亚威农少女》等立体主义风格的作品，并和布拉克一起开始制作拼贴画。次年，马列维奇在回国后马上将立体主义的一些手法融入自己的作品中。

当至上主义遇见俄国革命

很难说哪种艺术风格对马列维奇影响最大，不过直接促成他形成自己风格的当属抽象主义。

马列维奇是“蓝骑士”的成员之一，康定斯基的作品及关于抽象主义的理论给了他启发。在马列维奇看来，**“客观世界的视觉现象本身是无意义的，有意义的东西是感觉，因而是与环境完全隔绝的，要使之唤起感觉”**。不过他认为康定斯基还不够纯粹，他宣扬在绘画中纯粹的感觉，而要达到纯粹的境界，就应当彻底抛弃物象形式。

为此，马列维奇创作了一批只有方形、十字形、三角形、圆形等几何形状的绘画，不同形状各具象征意义。这些几何形状没有体积感，

马列维奇《黑方格》

也没有深度感，它们自由奔放地在画面上形成一种旋转的或离心的动感，完全抛弃了绘画的语义性及描述性成分，也抛弃了画面对于三度空间的呈现。几何抽象画就此诞生。

而在马列维奇的几何抽象画中，《黑方格》最为有名。这幅画是如此的一目了然：白色的边框、黑色的正方形——就这么简单。

或许你会产生这样的疑问：难道这也算一件艺术品？

但马列维奇的至上主义艺术就是这么简单，这么纯粹。他画在白色画布上的白色方块——《白之白》比《黑方格》更令人瞠目结舌。

马列维奇那些充满动感的至上主义绘画虽然简单得不可思议，却有着它们深刻的内涵。

马列维奇曾如此解释他自己的抽象艺术作品：**“我的新绘画完全不属于地球。地球像个被蛀坏的房子，已经被遗弃了。确实，在人的身上，在人的意识中，有一种对空间的渴望，一种脱离‘地球’的向往。”**

原来，马列维奇的那些方块是有生命的，它们在太空中自由游弋，追逐着地球之外的更大空间。《白之白》是太空主题的巅峰之作，它表达的不仅是想要挣脱地球向心力的豪壮宣言，还想将蓝色的天篷也扯破。恰如马列维奇自己所说：**“我已经打破了色彩极限的蓝色世界……我转向白色，除我之外，还有飞行员同志们，游弋于这个无限之中。我已经建立了至上主义的旗号。游弋吧，自由的白色之海，无限躺在你面前。”**

马列维奇的至上主义简单而迷人，影响了一批同时期及后世的艺术家。受他影响，康定斯基有很长一段时间对几何抽象画爱不释手，利希斯基则把他的艺术理念传播到欧洲各地，匈牙利艺术家莫何伊·诺迪也把他的思想推广到了包豪斯。

不过，正当马列维奇处于创作高峰时，俄国爆发了十月革命，此后，抽象艺术受到了抵制，马列维奇只得终止对抽象艺术的探求，改以教学谋生，绘画成了业余爱好。此后他的艺术风格也发生了改变，开始将几何抽象图形和人物形象符号结合起来，创造了独特的风格，但他在国内已风光不再，影响力也有限。1927 年，马列维奇唯一的理论著作《非客观的世界》在德国问世。1935 年，57 岁的他在默默无闻中因癌症病逝。

马列维奇《女孩》

最富诗意的造型大师

——保罗·克利

画家：保罗·克利（Paul Klee，1879—1940）

国籍：瑞士

代表作：《老人》

类型：油画

艺术风格：表现主义

“被禁限的，才能讨我欢心”

进入 20 世纪以来，厌倦了模仿自然的艺术家们开始越来越多地追求内在、追求最接近本质的东西。保罗·克利是这类艺术家中的佼佼者。

1879 年 12 月 18 日，保罗·克利出生于慕尼黑布赫湖，父亲是霍夫维尔州立师范学院的一名音乐教师，母亲是瑞士人。但克利出生不久，一家人就搬到了瑞士首都伯尔尼居住。

伯尔尼是一座有着悠久历史的古老城市，有着古典喷泉、哥特式的中世纪教堂、用鹅卵石铺成的光洁明亮的街道和许多红瓦白墙的建筑。蔚蓝的维格河从城市中央流淌而过，将整座城市一分为二。克利就是在这样一座美丽的城市度过了童年。他曾跟随父母多次搬家，从又穷又不起眼的亚伯格尔巷子搬到宽大阔气的合勤尔街，后来又搬到基亨费尔德的玛丽安街和水果山麓上的祖传庄园。不论住到哪里，在外祖母和双亲的陪伴下，克利的童年时代过得悠然自得且丰富多彩。

很早的时候，克利就培养出了某种审美能力——慈祥的外祖母在他很小的时候就开始教他用蜡笔作画，而他的音乐家父亲则用音乐的魅力来熏陶他幼小的心灵。和同龄人相比，克利显得比较早熟。10 岁时，他跟随父母第一次进入歌剧院，观赏了《吟游诗人》，当时就对悲伤的格调产生了亲切的情感。

尽管克利所受的教育和大多数人一样，属于通才教育，但他有自己的偏好。他热爱音乐，也热爱散文和绘画。十几岁时，他的小提琴就已经拉得很好，并且他的素描也已经画得像模像样。

究竟该成为音乐家还是画家？克利义无反顾地选择了后者。至于原因，他在日记中如此记述：**“我开始以风景画家自视，并且咒骂人文主义。我巴不得提早两年离开学校，但双亲的意愿遏制了这项快乐。如今我觉得自己像是一位殉道者。唯有被禁限的，才能讨我欢心——素描与写作。勉强通过毕业考试之后，我到慕尼黑着手画图。”**

慕尼黑时代

1898 年 10 月，克利在顺利拿到毕业证书后来到德国慕尼黑，进入克尼尔私立学校学习绘画。

慕尼黑是当时德国的文化艺术中心，同时也是欧洲最主要的文化中心之一，这里有数量众多的博物馆、画廊、歌剧院，有世界顶级的交响乐团，还有大量的书店。这里是理查德·施特劳斯、卡尔·奥尔夫等杰出作曲家活动的领地，也是许多欧洲重要画家的居住地。

在慕尼黑，脱离父母视线的克利过得非常自由丰富，除了素描练习，听音乐会、游览慕尼黑附近的胜景和在良辰美景下来一场温馨美好的恋爱，成了他枯燥乏味的绘画生活的点缀。

20 岁正是多愁善感的年纪。

年轻的克利曾对绘画事业产生怀疑，也品尝到恋爱苦涩忧愁的滋味。当他对人生感到困惑时，他便开始游荡，从勃艮豪森到萨尔斯堡，从因斯布鲁克到布赫斯，从莎更斯到苏黎世……一路上，克利逍遥自在，领略各地的美景与所到之处的风土人情，有时也会顺道拜访一些画家，但绘画仍是他最主要的活动。

绘画，尤其是油画，对克利来说并不容易。但不断的练习给他带来安慰，使克利的双手变得越来越灵巧，从而画出了一些大胆的习作。

游历一圈后重新回到慕尼黑，克利的画艺有所长进，内心却仍波澜起伏，并不平静。他和他的模特、街头邂逅的淑女谈着一场接着一场的恋爱，就像一个花花公子。之所以这么做，是因为克利有一种奇怪的观念，认为“我得先成为一个男人，艺术一定会接踵而至”。

那些出现在克利生命中的女人，的确给这个年轻人带来了生命的激情，同时也带给他痛苦的思念和分离的忧伤。有时，感情带来的心灵动荡会转化成克利创作的灵感，有时，他则用诗歌和散文来排遣内心的忧郁。

除了爱情，克利也从文学作品中获取创作的灵感。托尔斯泰、果戈里、席勒、左拉、高尔基、赫伯尔、拜伦、海涅、王尔德、巴尔扎克、莱蒙托夫……他的阅读不分门类，诗歌、小说、戏剧都在克利阅读的范畴之内。他一边阅读，一边思考，会写信给朋友破口大骂他不认同的观念，也会由衷赞叹某个作家写得真好。而他的朋友们，也常以书作为礼物，不时向克利灌输“精神的食粮”。

简言之，克利的青年时代虽然在物质上偶尔遭遇囊中羞涩的境地，但精神世界却丰富多彩、活力四射，有意识地体验生活、四处游览和写生、交游、参加音乐会、广泛阅读、勤勉地自我审视与思考的习惯，都注定克利会成为一个深刻的画家。只是，真正的成功对任何人来说都不容易，在走向成功之前，克利在艺术道路上也经历了不一般的困顿与磨难。

意大利之行

轰轰烈烈的文艺复兴运动让意大利大放异彩，使之在数百年后仍在世界艺术领域占有不可撼动的地位。每年都有大量追求艺术、想要在艺术上拥有崇高造诣的画家奔赴意大利朝圣，而一向反对人文主义的克利之所以也会前往意大利，则是为了一个名叫莉莉的女子。

莉莉是一位医生的女儿，和克利邂逅于 1899 年的一个秋日，当时克利正在拉小提琴，而莉莉是一位音乐爱好者，更准确地讲，她在音乐上有着很深的造诣，是一名优秀的钢琴家。共同的兴趣爱好让克利和莉莉走到了一起，尽管莉莉只是克利的女友之一，两人也曾因为一些原因而失去彼此，但短暂的分离却令克利和莉莉都更看清了自己的内心，发现自己已经深深爱上了彼此。

于是，1901 年 6 月 8 日，两个经历了多次分离又重聚的年轻人坐

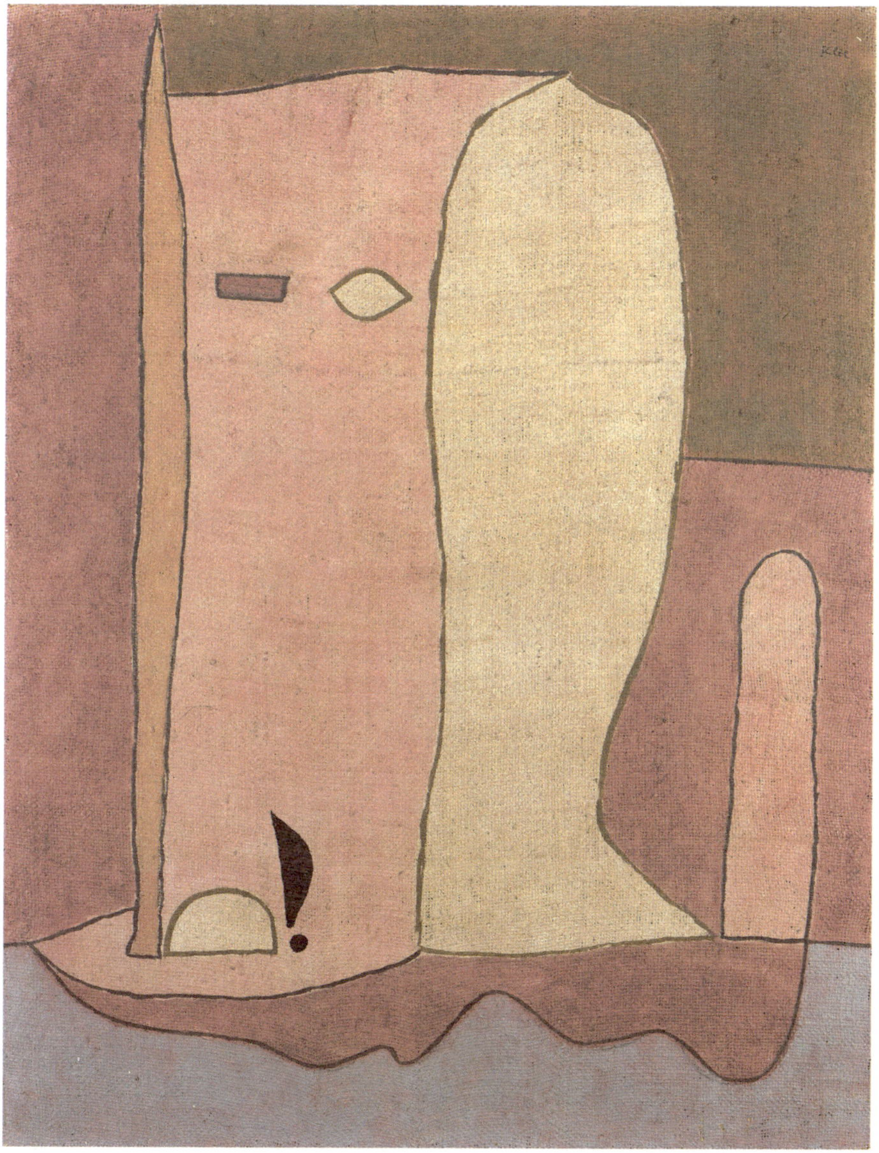

保罗·克利《花园之物》

在一起，郑重地讨论了爱情的未来。他们希望这份爱情能有一个庄重的结局。但结婚并不是一件随随便便的事情，而且他们俩都还太年轻。为了迎接人生中最庄重一刻的到来，莉莉希望克利在约定的婚期之前能在专业能力和其他的能力上多下功夫，而她自己也会在这期间努力提升自己。

克利就这样和莉莉订了婚。那一年他 22 岁，爱情终于不再漂来漂去，而是有了固定的栖息地。而克利决定暂时告别恋人前往意大利，正是为了这份庄重的爱情，为了自己许下的承诺。

米兰是克利游历意大利的第一站，随后他从北往南，一路经由热那亚、比萨来到罗马，他在罗马待了数月之久，直到次年春天才重新踏上旅途继续南下，前往位于意大利南部海岸的那不勒斯。在游历了那不勒斯及附近的庞贝、索伦托等名城之后，克利又由南到北返回罗马，再从罗马北上抵达文艺复兴的发祥地佛罗伦萨。

整个意大利与瑞士和德国迥然而异的自然景观及世俗风情令克利收获满满，而意大利诸城文艺复兴时期留下来的丰厚的建筑、雕刻和绘画遗产，更是让克利大饱眼福。一路上，克利用速写本飞快记下各种见闻，同时开始构思一些真正的绘画作品。他深切地体会到伟大的古典艺术与现代艺术之间的断裂，并产生了一种强烈的欲望，一种“想创造当代以外东西的欲望”。

在伯尔尼的版画家生活

1902 年 5 月，从意大利回到故乡伯尔尼后，克利开始了真正的艺术生涯。

“把建筑性的与诗意的绘画融合在一起”是克利的艺术理想和目标，但画家的生活并不如人们所想的那么光鲜。现实与野心之间还有相当长的路要走。尽管在此之前，克利已尝试过油画，也尝试过蛋彩，但他最终发现自己并不能自如地把握色彩，因此只能选择线条作为职业生涯的开始。

但是，怎样使线条和色彩和谐地结合起来成为一幅真正的作品还需要做漫长的探索。克利曾将流行的白垩粉撒在油彩上当作底色，也曾用银针在涂了一层沥青的玻璃片上画素描，但实验的结果并不能令他满意。

没有可卖的绘画作品，克利只能以小提琴手的身份赚取一些生活费。他成了管弦乐团的第一小提琴手，随乐团四处演出。当过去的爱好成为谋生的工具，克利感到的不是快乐，而是内心的焦虑与不安。毕竟，当小提琴手不是他真正的职业，也不是他真正的理想。他真正的理想是绘画，他一直很努力、很勤勉地在尝试，甚至连星期天也不休息，但回报却迟迟不来。

父亲对克利前途未卜的绘画事业已经失去耐心，准岳父则对克利是否有能力让他女儿在婚后过上安定的生活提出了疑问。尽管温柔的母亲和未婚妻莉莉仍用她们自己的方式不断给予克利信心和鼓励，但现实生活的压力、对父母及对未婚妻的责任感、绘画实验的一次次失败，仍令克利压力重重。

有一阵子，因为压力太大，克利甚至多次想要自杀。

克利自嘲为“艺术傻子”，尽管困难重重，却仍顽强地坚持。

1903 年夏，无数次的实验失败让克利精疲力竭，他决定先放下彩绘，利用自己在素描上的优势开始制作版画。

克利《洪水中的小船》

《女人和野兽》是克利最初的版画作品之一，用克利一贯喜欢的讽刺手法，揭露了人们喜欢掩盖的一个事实：表面矜持的淑女其实喜欢亲近野兽，亲近带有野兽特质的男人。

随后，他又创作了《树上的处女》，通过自然界成双成对的鸟兽，对想要借助童贞把自己造作成某种特殊人物的淑女加以了讥讽。

克利善于讥讽，他总能通过生活中的小事或小物件看到更远、更深刻的东西。正如他自己所说：**“观察一棵树，首先我们只看到它外缘的小枝丫，而未洞察其大树枝或主干——这事实上解释了我们面对自然所产生的最初困惑。可是一旦理解到这点，你甚至会在最外缘的树叶里感知到整个法则的重演，并且善加利用。”**

版画制作令克利的绘画事业总算迈出了第一步，尽管进展并不顺利，但在克利勤勉的探索和努力之下，《小丑》《淑女》《女性的魅力》《山的寓言》《佩修斯》等作品相继问世。

克利一边创作，一边继续他的绘画实验，琢磨怎样才能使绘画的线条更加优美。1905 年的巴黎之行使他对绘画有了新的感触。他在不断的尝试和探索中一步步精进，渐渐独创了一套版画技法，并发现了音乐和版画间的某种相似性——这给了他的绘画创作很大启发。

转眼到了 1906 年，克利 27 岁了。

这是收获满满的一年。这年春天，克利已经积累了一批满意的版画作品，他将其中十幅最满意的蚀刻版画装在一个大画框里，送去参加慕尼黑的分离派展览会。

而这年秋天，他的爱情也如那秋日里的果树般结出了甜蜜的果实——他和钢琴家莉莉在相恋整整 7 年之后终于结婚了。

婚后，克利搬到了他出生的城市慕尼黑生活，居住在安米勒街 32 号一栋可以俯视花园的房子里。新婚的住宅并不宽敞，但克利很喜欢这里，认为这里是一个久居之地。

丈夫及一家之主的身份让克利有了生活的安定感，而责任感则令他更疯狂地投入到工作中去。

这年冬天，作为一名画家，克利多年的付出和创作终于获得了微薄的经济上的回报：他受人委托创作的《一个小孩的肖像》和《辛纳夫人画像》分别为他带来了 200 法郎和 600 法郎的收入。

超级奶爸的艺术人生

1907 年，克利的人生又有了新的开始。

莉莉怀孕了——尽管克利还没有做好经济上的准备，为了迎接新生命的到来，克利需要更加卖力地工作。但艺术创作的进度有时候往往会违背人们的心愿，恰如克利自己所言：**“我经常想画艰深的东西……我磨蹭。你了解的！然后我常常中途放弃。在艺术的国度里，**

事情进行得并没有那么快；你必须守住它，也许永远呢！”

克利相信不间断的工作会带来希望，并抓住最后那段“自由”的时间抓紧写生和创作。到了这年 11 月份，随着儿子费利克斯·克利的降临，克利在接下来的整整两年时光中，承担起了照顾小婴儿并料理家务的保姆职责，而妻子莉莉则负责教授钢琴以维持家庭生计。用现在流行的话说，克利成了名副其实的“奶爸”。

一个艺术家父亲会怎样照顾他的小孩呢？

克利不像很多男人那样粗心大意，也不会在家务面前笨手笨脚。他非常擅长烹饪，做起家务来井然有序、一丝不苟，他的笔记本上写着丰富的菜单，同时也记录着儿子成长的详细过程：身高、体重、健康状况、牙齿长了几颗、喂奶该喂几勺、孩子的牙牙学语……甚至还有费利克斯生病发烧时的体温曲线。

一位多么细心、能干的父亲！

但成为“奶爸”并不意味着克利艺术生活的中断，他忙里偷闲阅读各种各样的优秀作品，并继续探索和研究不易把握的色彩的调和与调子。他还和业内人士保持着必要的书信往来，申请加入版画艺术家学会，并创作出《凉台》等一批成功的玻璃版画作品。

虽然作画的时间远不及原先来得多，但对生活细致的观察及深度的思考一直在推进克利的艺术向前发展。

到 1909 年底，两幅克利自己最满意的作品——以费利克斯为模特的《强调明暗法的肖像速写》和用木炭与水彩创作的漫画《着家常服的妇女》被柏林分离派展接受了——这对于克利是一件大事，足以作为 30 岁的礼物送给自己。

攻克油画城堡

1910 年，当费利克斯稍微长大了一些，身体也变得强壮起来，克利终于从整天的保姆和护士身份中解脱出来，有了更多可以倾注到艺术创作中的时间。

30 岁，正是创作最旺盛的时期。克利没有浪费，他抓紧时间，继续尝试各种各样的绘画实验。

他将粉状的颜料和胶水掺混在一起涂到画面上当底色，创造了一种别致的“黑色水彩画”。

随后，他终于找到了一种使他的素描得以进入绘画领域的独特的姿势——用亚麻油稀释过的白颜色铺底，然后再在画面上刷上大片的淡颜色，使得这些颜色相互交流，但又不留下明暗渐次变化的痕迹，然后在彩色的背景上画上凸显的素描，并为之敷上一些较低缓的色调以避免松软。

克利终于找到了感觉，找对了调子。这时，曾经令他万分沮丧的色彩变成了小提琴上跳动的音符，在他灵巧双手的操纵下，在画布上奏出了美妙和谐的乐曲。克利乘胜追击，继续探索色彩：他把素描中精确的明暗法转移到色彩领域，使每种调子各与一种颜色相呼应；把水彩画在洒了水的纸上；在湿纸上制作铅笔素描……

不论失败与成功，每一次新的尝试总会有不同的收获。渐渐地，克利的绘画有了色彩。在他脑海中诞生已久的线条一旦与色彩结合，就成了一幅幅美妙的画作。

1910 年 7 月，克利在瑞士举行了巡回个展，展出的是 1907 年到

1910 年这 3 年间的共计 57 件作品。克利希望能通过画展卖出一些画，但观众们的反响却多为负面的评价，甚至还有一家承办克利个展的画廊给克利写信，说一些在伯尔尼颇有名望的人希望能停止此项展出，并建议克利能寄一份详细的说明书给他们，以便观众能更好地理解作品。

这样的要求可笑至极，克利当然不会照做。他善意地提醒画廊负责人，很多优秀艺术家的作品最初并不被大众认可，但最终却大放异彩，并告诉他：**“一个除了作品本身以外又加上注释的艺术家，一定对他自己的艺术没有信心。”**

随后，克利又投入到他的绘画实验中去了。

走廊上的画展

克利说：**“一个艺术家应该是诗人，是自然的探掘者，是哲学家。”**艺术家栖居在精神世界的高处，却不得不面对现实世界的淤泥。

克利的第一次个展并不成功。但他明白，个展还要继续，否则他永远也别想推进他的艺术事业。

一个名叫汤豪塞的犹太商人发现克利的个展没什么商业诱惑，尽管仍愿意为克利提供画展的场地，但场所的地点不在展厅，而安排在展厅外的走廊。而对于克利的质疑，汤豪塞的搭档布拉克直言不讳地解释说：**“……此地有些十分不寻常的现象，因此我舍不得在我的画廊里展出你的作品。来这儿的人主要是来看绘画的，尤其是体面的艺术家协会会员的画，他们对风格极端的现代的版画家不感兴趣……”**

看到这样的回信，克利只能无言以对——既然他不是“体面的艺术家协会会员”，既然他的画并不讨观众喜欢，那么他只好委屈地安于在窄小的只能容得下 30 幅画作的走廊里布展了。

就这样，1911 年春，克利的作品在一个窄小逼仄的走廊里展出了。

克利很无奈，但正如他的朋友米歇尔先生所说，这只是开始，在未来他还有很多很多的展出，即便此次未能从最有利的局面开始也没有大碍。克利只能以此来安慰自己。

接下来的日子，克利开始为他的“精神导师”伏尔泰的小说《老实人》创作插图，并继续研究凡·高，读他的书简。凡·高的艺术生涯令克利震撼，也令一直在寻求出路的克利深受启发，使他看到了不离路线而求进展的可能性。回顾自己十几年来艺术创作的过程，克利这才第一次看清了自己，看清了自己曾经走过的路和将要前行的路。

对艺术有了更深刻的认识，使得克利在追求艺术的道路上走得更稳，更果断。

或许是受凡·高启发，又或许是当时的形势使然，1911 年夏，克利和一群年轻艺术家在慕尼黑成立了一个名为“符号”的协会，协会的会员有画家、雕刻家和诗人，他们都不太富有，没有能力做出太大动静，但一个组织的力量毕竟大于个人。很快，不久前刚刚将克利的画作拒于展厅之外的犹太人汤豪塞找上门来，表示愿意筹组“符号”的首届展览会——这件事让克利对现实世界感触颇深，事后，他在日记中感慨道：**“这起码表示我终究不再与外界隔绝，开始加入别人圈内的初步的小小尝试。我看不出这和内在世界有什么关联；不过，反正值得一试嘛！”**

克利是个聪明人，性格也不像同时代的另一个画家鲁奥那样抗拒与人群相处。初尝加入团体的好处之后，这年冬天，应大提琴手同时也是知名画家的朋友康定斯基之邀，克利又加入了“蓝骑士”，不久便成了里面的骨干成员。

不论何种社团，成员之间的相处并不总是一团和气，有时也会有纷争，甚至会有冲突。但不管怎样，克利的作品有了更多的展出机会，他本人也因此结识了更多同行好友，并收获了更多名声。

克利变得更加自信起来。他相信，随着时代的发展，艺术的风向标会发生改变，大众总会渐渐习惯新的艺术。

战场上的画家

1914 年，萨拉热窝的一声枪响引燃了第一次世界大战，欧洲各国进入了癫狂的时刻。为了这场争霸大战，许多怀着理想的欧洲有志青年在残酷的战争中丧生，其中不乏优秀的艺术家，“蓝骑士”社团的成员奥古斯特·马克和弗兰茨·马克就在阵亡艺术家的名单之中。

但战争带给艺术家的影响绝不仅仅是参战捐躯这么简单；它会改变艺术家的创作，也会改变艺术家的人格。

对于第一次世界大战的影响，克利如此说道：**“这世界越恐怖的话，我们的艺术越抽象……世界大战的意义对我而言首先是一些生理上的东西：在附近涓流的血。人的肉体陷于危险中，而没有肉体岂有灵魂！……整桩事好比鞋跟上的一团粪……一位艺术家表现在外的生活，可以透露许多有关其作品性质的东西。”**

弗兰茨·马克是克利的好友，在牺牲前曾利用休假时间前往慕尼黑看望克利。而在此之前，克利和马克太太之间刚发生过一场严肃的关于艺术理论的争辩，克利认为马克太太太软弱，易受人影响，缺乏独立自主的观念，想通过辩论使她不再执迷不悟。因为这件事，克利曾给身在前线的马克写了一封长信，和他详细解释这件事的缘由和经过。

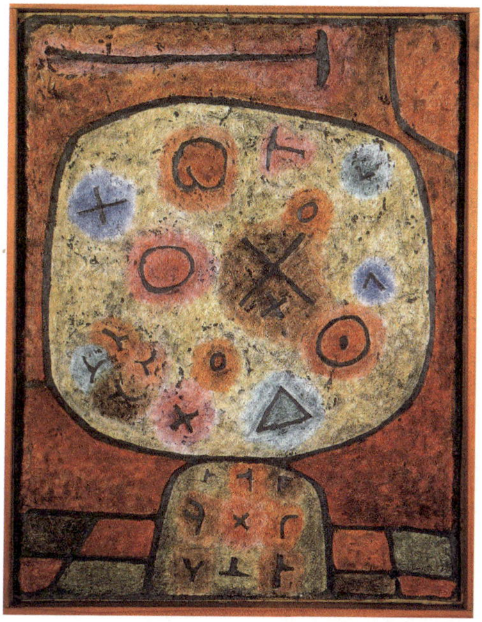

保罗·克利《石中花》

言归正传。在克利看来，战争改变了马克。那一次见面时，克利发现马克“疲惫瘦削”，“持续的压力和自由的丧失显然使他大为痛苦”。

1915 年 11 月，马克以中尉身份回家休假时又与克利见面，此时的马克在克利眼中变化更大：**“此次他气色俱佳，当了军官比较能照料自己的外貌，而他也装成一副官员模样，新服装很合身。我几乎脱口说‘不幸’的字眼。我不敢确定他是否仍是从前的马克。”**

1916 年 3 月 4 日，弗兰茨·马克在一次榴弹炮轰击中于凡尔登丧生。慕尼黑为他举行了大规模的纪念展。但画家马克永远离开了，他那些充满表现主义色彩的绘画永远停在了参战之前。

就在马克捐躯后不久，3 月 11 日，克利以 35 岁的年纪应召入伍，也即将迎来战争的“洗礼”。

走正步、练步枪、负重行军占满了克利的生活。失去自由的画家渴望能在兵营画画，但这只是幻想。幸亏有小提琴做伴，否则生活将变得更加难以忍受。

不久，在妻子莉莉的努力下，克利被从兰茨胡特调到慕尼黑，情况稍微好了些，但时间不长，很快他又被调到史莱兹汉姆工人连。大概长官们认为艺术家和油漆匠的手艺大抵相仿，克利被派去给木质机身刷漆。不久之后，克利开始为石版画上色，艺术家的身份总算派上了用场。

以后的日子克利又换过好几次营房。他承担过三次重要的运输任务，也在飞行学校当过薪资部门主管。战争无情地夺走了一些朋友和战友的性命，和这些人相比，克利是幸运的，他没有上前线，还渐渐有了空暇在兵营里阅读甚至从事绘画创作，告假离开兵营去参加一些重要画展及其他事宜也会被准许。

时局艰难，克利的作品在市场上的表现形势却越来越好。自 1916 年 3 月，也即他当兵以来，不断有作品被卖出的好消息传来。到了次年 3 月，一年中光瓦尔登画廊就为马克带来了 3460 马克的收益。马克激动得在日记中感叹：“感谢上帝，金钱问题不再困扰我们了！”

喜悦与忧伤

1918 年底，历时四年之久的第一次世界大战随着德军的投降终于宣告结束。

那一年圣诞节前夕，克利穿着草灰色军服回到了他在慕尼黑的那个简单朴素的小家，得以与妻子和已经长成一个少年的儿子费利克斯共度他的 39 岁生日和圣诞节。克利拿起小提琴，和端坐在钢琴前的妻子合奏起巴赫和莫扎特的奏鸣曲。这欢快的音乐是克利重获自由后最想表达的心声。

第一次世界大战虽然结束，但人们的心灵饱受创伤，世界秩序的重建还需要一个过程。1919 年春，作为战败国之城，德国慕尼黑充满了山雨欲来风满楼的紧张革命气氛。但亲眼见过太多生与死并能清醒看到战争本质的克利犹如一块磐石，没有受到周围动荡气氛的干扰。他在韦华克街一座晚期巴洛克式的小古堡里租了一间大房子，一门心思投入到他的绘画事业当中。据费利克斯事后回忆：**“克利沉迷于一个完全属于他个人的世界，只为他的艺术而活，从清晨到半夜地服侍。新旧朋友聚在我家，每当父亲不演奏音乐时，便在诸多喧扰中一页页不断地画他的素描……”**

1920 年，在慕尼黑已经颇有名气的克利受聘成为包豪斯的一名教员，一教就是十一年。在这段暂时还算安定的岁月里，克利迎来了创作的高峰，尤其是和康定斯基成为邻居之后，好友兼同行的互勉和竞争更驱使克利将才华发挥到极致。他日后颇有名的作品，如《红色的赋格曲》《老人》等，均创作于这一时期。

克利《老人》

克利的绘画语言是抽象的，他不直观地表现自然。其实早在他 21 岁时，他就说过这样的话：**“有些人不承认我自画像里的真实性。我不想借自画像反映外表，我要透视内在，我的镜子洞察心灵，我在前额与嘴角边写上文字，我画中的脸孔比实际的更真实。”**因此，要想理解克利的绘画，就需要一双能像克利一样洞察世界的眼睛，一双克利所说的**“远视”**的、**“看穿并越过最美丽的事物”**的眼睛。此外，克利不仅是个画家，还是绘画理论家，他在包豪斯的教学经验被结集成书出版，名为《教学见闻录》。了解克利的绘画理论亦能帮助理解他的作品。

只可惜，美好的时间总是匆匆流逝。自希特勒上台之后，整个德国就充满了躁动与不安。1925 年，克利被迫与家人离开魏玛前往德绍，他在德绍的居住地受到了突击队的侮辱性搜索，克利未收到包豪斯学院的通知便遭到解聘。随后，受动荡冲击的克利前往杜塞尔多斯学院执教，举家又迁往杜塞尔多斯。但纳粹的阴影很快又笼罩过来。

1933 年底，克利因坚决反对纳粹主义被迫离开德国前往故乡伯尔尼避难。此时的克利已将德国视为自己的故乡，至少是他的精神故乡，他不忍就这样离去。在写给儿子费利克斯的一封信里，他流露出了这一情绪：**“……此刻一切东西都搬出家门了，明天晚上我大概已离开此地……这几周以来，我变得有点老，但我不打算吐露怨恨之情……这对男人而言比较容易忍受，女人在此时通常要哭泣的。”**

离开德国时克利充满了留恋与不舍。不想此去竟成永别——他再也没有机会回到德国了。

在回到伯尔尼的最初两年里，克利仍坚持每日严格遵循精确的日程表来安排日常及工作，画画依然是他最主要也最重要的活动。此外，他也烹饪、演奏音乐。瑞士的自由气氛让快乐重新回到了克利的生活中，他的绘画比早前的更为深刻有力。

一切美好随着 1935 年的到来戛然而止。

克利不幸患上了恶性皮肤病，麻疹被治愈了，皮肤硬化症却永久留了下来。克利凭着钢铁般的意志一边与病魔抗争，一边坚持画画，直到病魔征服他的躯体。《死与火》便是他临近生命尽头时的创作，粗重的黑色线条勾勒出一个不堪重负的人走向死神的哀愁惨淡的景象。

1940 年初夏，身体因多年疾病已经非常衰弱的画家因心脏病突发永远离开了人世。克利因勤勉给后世留下了丰富的艺术遗产。他原本畏惧色彩，如今除了诗意后的深刻，他绘画中独特的色彩也备受世人敬重和推崇。

“最费人猜疑却又人人都能了解的人”
——布拉克

画家：乔治·布拉克（Georges Braque，1882—1963）
国籍：法国
代表作：《小提琴及水罐》
类型：油画
艺术风格：立体主义

野兽派时代

提起立体主义，人们往往会想到毕加索，但事实上，乔治·布拉克在立体主义绘画创作上的成就及对立体主义艺术所做的贡献，一点也不逊色于毕加索，而且，他在绘画创作中对物体的解构也比毕加索更为彻底。尤为值得一提的是，立体主义只是毕加索诸多创作阶段的一个时期，但乔治·布拉克自创立立体主义之后，立体主义便贯穿了他一生的创作。

乔治·布拉克出生于法国巴黎郊外的阿让特伊。阿让特伊位于塞纳河北岸，风景优美，是富裕的巴黎市民游览消遣的度假胜地，也是许多艺术家写生的绝佳场所。印象派的著名代表人物莫奈就曾于 1871 年搬到阿让特伊居住，用画笔描绘下许多阿让特伊的美丽风景，如描绘绿树成荫、河岸碧草青青的《阿让特伊盆地》，描绘蓝色塞纳河上的巨大桥墩和白色护栏的《阿让特伊铁路桥》，描绘屋顶上、树枝上、道路上、山丘上四处都覆盖着皑皑白雪的《阿让特伊雪景》，以及描绘蓝色水面与许多白帆相映成趣的《阿让特伊红船》等。

布拉克的父亲是一个油漆匠，同时也是一个业余画家。美丽的风景，阿让特伊浓厚的艺术氛围，再加上家庭环境的熏陶，令布拉克从小就迷上了绘画。布拉克在艺术上起步较早，十几岁就进入专门的美术学校学习绘画。1902 年，20 岁的布拉克考上巴黎美术学校，受到博纳的指导，后来又转入安贝尔学院继续学习绘画。

1904 年，22 岁的布拉克创办了自己的画室。不过，当时还没有“立体主义”，年轻的布拉克最先走的是野兽主义道路。

布拉克与野兽主义结缘，始于 1905 年在巴黎举行的秋季沙龙——野兽派先驱马蒂斯正是在这一次画展上首次展出了他那些风格鲜明的作品，结果和弗拉芒克、杜菲等人一起被讥讽为“野兽派”。马蒂斯色彩极为明亮和强烈的作品引起了部分人的非议，但同时也赢得了不少赞誉和关注，尤其是那些追求前卫艺术的年轻画家，纷纷成为马蒂斯的崇拜者，年轻的布拉克就是其中之一。

布拉克成了马蒂斯的追随者，开始借用马蒂斯的色彩和形式来创作绘画。虽然这一时期布拉克的作品不成熟，但仍具自己的特色，呈现出一种“安详如歌”的气质和味道，和色彩强烈、笔法奔放的地道野兽派迥然不同。

开创“立体主义”

布拉克的艺术走向成熟是在 1907 年之后。

1907 年，和毕加索的相遇是布拉克艺术生涯中至关重要的转折点。毕加索和布拉克年龄相仿，正是在这一年，毕加索创作出第一张被认为具有立体主义倾向的《亚威农少女》。当布拉克看到《亚威农少女》时，深深为这幅作品所折服，遂与毕加索结为至交。

在随后的 7 年时间里，布拉克和毕加索亲密合作，在塞尚结构观念的启示和非洲雕刻艺术的影响下，共同创造出被后人评论为“自文艺复兴发明透视法以来最具革命性的视觉艺术风格”——立体主义。不久之后，布拉克在毕加索影响下创作出的由几何图形构成的大型风景画《埃斯塔克的房子》，可以说是立体主义的首次宣言。“立体主义”这个词，正是来源于马蒂斯和沃塞勒对《埃斯塔克的房子》一画的评价。

在 1907 年到 1914 年的 7 年时间里，立体主义共经历了三个发展阶段。

第一阶段为 1907 年到 1909 年，被称为立体主义的“塞尚时期”，是立体主义的孕育和起步阶段。这一时期，布拉克从塞尚的绘画中汲取精髓——塞尚把大自然的各种形体归纳为圆柱体、锥体和球体，布拉克则进一步追求对自然物象的几何化，并将形体几何化发展到了极致。

比如《埃斯塔克的房子》，布拉克以独特的方式压缩画面的空间深度，使画中的房子看起来像被压扁的纸盒，呈现出介于平面与立体之间的效果。此外，景物在画中的排列并非前后叠加，而是自上而下地推展，并且不论远景还是近景，都以同样的清晰度展现于画面上。同时，在色彩上，布拉克开始放弃野兽派奔放的色彩，改以土黄、浅绿、灰等色彩描绘几何造型的画面。

“谁理解塞尚谁就理解立体主义”成为立体派的宣言。

1909 年到 1912 年是立体主义发展的第二阶段，被称为“分析立体主义时期”。这一时期，从布拉克的作品中可以看到物象被分解后又被重新组合到平面上，很难从画中看出物象的原形。

《小提琴及水罐》是布拉克这一时期的代表作品，画面中满是被紧凑地组合在一起的土黄色碎片，画面中的小提琴尚可勉强辨认，水罐则已经完全消融在背景当中，成了背景的一部分。有意思的是，布拉克调皮地在抽象的《小提琴及水罐》的上方画了一枚逼真的钉子和钉子的影子，使得这幅画看上去像是挂在钉子上一般。布拉克此举不失为一大创新，虽然招来了评论界的猛烈抨击，却受到了立体派画家们的纷纷效仿。

此后，布拉克似乎在“真真假假”中停不下来了，他开始将字母和数字作为母题引入画面，并在作品中画上足以乱真的假木头和假大理石。

至于布拉克为什么要这样创作，用他自己的话说：**“立体主义，或者不如说我的立体主义，乃是我所创造的，为我所用的一种手段，其目的在于使绘画符合我的天赋。”**

符合天赋是一方面，不可否认的是，20 世纪初取得的科学成就也在一定程度上影响了布拉克及其他立体派画家的创作。当时，物理学天才爱因斯坦提出了著名的量子论和狭义相对性原理，可以穿透人体表面透视人体内在的 X 射线被发现，染色体遗传学说得到了初步发

布拉克《风景》

布拉克《森林和树木》

展……许多在过去被捧上圣坛的定理和观念都受到了巨大挑战。在时代的影响下，艺术家们开始尝试用新的眼光来审视世界，分析立体主义就是透过物体表象来表现内在及新的空间概念的一次探索与尝试。

1912 年至 1914 年间，立体主义迎来了第三个发展阶段——“综合立体主义阶段”。这一时期，画面的整体效果得到了重视，被分解的物象被有机重组起来，画面的颜色也渐渐丰富起来。

进入 1912 年之后，刚迈入 30 岁门槛的年轻艺术家布拉克活力四射，创造力惊人。他不再满足于用油彩来表现画面，而是将沙子和别的材料混入油彩以制作纹理效果。之后，他又开创性地使用纸片来拼贴画面，用拼贴而成的抽象图形来增强画面的构成效果，创造了崭新的“建筑性绘画”。并且随着时间的推移，布拉克拼贴画的制作过程越来越简洁、大胆。

《单簧管》是布拉克创作于 1913 年的拼贴画代表作。在这幅作品中，布拉克以木纹纸、报纸及有色纸，在画面中央拼贴出一组简洁的形状，并用铅笔在这组形状的周围勾画出线条和阴影。客观物象与主观创造相互融合，线条使剪贴的图形获得某种依托和含义，整个画面充满动感与生机，并能使人感悟到某种精神内涵。

不过，当画家们纷纷效仿布拉克玩起了拼贴画，并且拼贴材料越来越丰富时，布拉克本人却坚持使用纸片，很少采用其他拼贴材料，这为他的拼贴画创作提供了极大便利。

晚年的“变形”

从 1907 年到 1914 年，是布拉克和毕加索之间的一段漫长“蜜月期”。在这整整 7 年的时光中，他们两人齐头并进，共同开创了立体主义，一起探索立体主义的创作技法，并将立体主义推向了高潮。由于关系亲近，彼此间相互影响，曾有一段时间，布拉克和毕加索的作品在风格上非常相近，两人不仅画法相同，连选取的题材也十分相似，比如都喜欢将乐器画进作品中，以至于当把布拉克和毕加索这一时期的作品放在一起时，连专业人士也很难一下子区分开来。

然而，1914 年，随着第一次世界大战的爆发，布拉克和毕加索“分手”了。毕加索开始了他缤纷多变的艺术人生，对古典主义、浪漫主义、现实主义等艺术风格逐一做了尝试（这或许要归因于毕加索旺盛的生命力及对各种事物所怀有的巨大热情，不论对女人还是对艺术，他很少“情有独钟”），而布拉克和毕加索截然不同。第一次世界大战爆发时，布拉克曾和很多年轻的欧洲艺术家一样应征入伍，暂时放下了对艺术的探索。1919 年战争结束后，他重拾画笔，回到了画家的位置上，走的仍然是立体主义的创作路线，并且将立体主义推向了更深、更远的发展。

战争使布拉克对生命和世界有了新的感受和思考，战后，布拉克的几何语言变得更加轻松自由，典雅流畅的线条和朴素协调的色彩使得整个画面带给人一种平静、优美的感觉——这是别的立体主义画家所达不到的境界。

此外，用各色水彩来表现绚丽多姿的“立体”世界，是布拉克晚年时做的新尝试。布拉克将自己的一系列作品创作成水彩画，然后与鲁文菲尔德合作，将这些水彩画“变形”为雕塑作品——这一时期，被视为布拉克的“变形”时期。

至于布拉克为什么要将绘画转化为雕塑，他自己曾如此解释道：

“一个人的作品只观看是不够的，人们还要能触摸到。”

从数量上看，布拉克的雕塑作品远远不及毕加索来得多，但其中多为精品，如他作为礼物送给后者的《蓝色的鸟》，及创作于他生命最后一年的《赫尔墨斯》，都是杰作。尤其后者，被誉为“20 世纪最优美的现代雕塑作品”。

除了绘画，布拉克也热爱音乐和诗歌。年轻时，音乐和诗歌曾滋养丰富了布拉克的绘画，他的许多绘画作品都以小提琴、吉他等乐器为创作对象，并且颇具诗意；到了老年，在艺术领域已享有崇高声誉的布拉克则很少创作，而是将很大一部分精力投入到诗集的注解上。

1963 年，已遭受多年疾病折磨的布拉克在巴黎病逝。他的立体派绘画对同时代及后世许多画家都产生了深刻影响。毕加索将布拉克和《尤利西斯》的作者、爱尔兰著名诗人与作家詹姆斯·乔伊斯并列，称他们是当代“**两个最费人猜疑却又人人都能了解的人**”。

超现实的国际象棋锦标赛棋手
——杜尚

画家：马塞尔·杜尚（Marcel Duchamp，1887—1968）
国籍：法国
代表作：《泉》
类型：瓷质实物
艺术风格：达达主义

乖男孩时期

在20世纪的艺术家中，马塞尔·杜尚声名显赫，在国际上的名声堪与巴勃罗·毕加索相媲美。有人曾如此评价他：**“贡布里希给杜尚只留了一句话的位置，杜尚却把艺术的故事分成两段——杜尚之前，与之后。”**这句话精辟地点出了杜尚在艺术史上的重要地位。而马塞尔·杜尚也的确当得起这样的评价，他对艺术史的影响和作用是划时代的。

不过，马塞尔·杜尚这个具有划时代意义的大艺术家并非天生就与众不同。1887年，杜尚出生于法国西北部诺曼底地区一个名叫布兰维尔的小镇，父亲是一名公证人，同时也是该镇镇长，在任期间为该镇添了一座小火车站、一家银行及一所女子学校，可以说是个非常务实勤恳之人。家中共有六个孩子，杜尚排行老三，上面有两个哥哥，下面有三个妹妹。

由于家境殷实，父亲又是个亲切公正同时不失开明的家长，杜尚的童年时代过得充实而幸福。虽然日后成了大艺术家，不过少年时的杜尚一点也不像别的艺术家年轻时那样野心勃勃、富有理想。事实上，这是一个对未来几乎没什么特别追求的家伙，在学校也不好好学习，很多功课只是勉强及格而已。老师们对他的评价是：**“这个学生在学习上没有使出最大的力气来，不然他完全可以做得更好。”**

学校对杜尚的评价非常中肯。杜尚的确是个很聪明的孩子，可是他似乎不愿意把太多时间花在自己不感兴趣的事情上。不过，对于他感兴趣的数学，他却学得相当不错，在上学期间还得过两次数学竞赛的奖项。

转眼 6 年过去，中学毕业的杜尚面临了人生中的第一次选择——究竟是像父亲那样上个大学，念个法律系，将来当一名公证人呢？还是效仿两个哥哥，去巴黎当一名艺术家？

杜尚热爱他的父亲。尽管他的两个哥哥都在上大学期间相继辍学，分别从法律和医学转向了艺术，而他们的父亲老杜尚不仅没有责备两个儿子，反倒愿意出钱资助他们，但杜尚知道，在父亲内心，他还是非常渴望家中能有一个儿子继承他的志向，干一份体面并且有保障的事业。因为热爱父亲，不想让父亲失落，杜尚曾考虑过当一名公证人，不过，在长达半年的思想斗争之后，内心对自由的向往战胜了一切。1904 年，17 岁的杜尚义无反顾离开家乡来到巴黎，投奔正在蒙马特高地追求艺术理想的两个哥哥，开启了长达一生的艺术家生涯。

蒙马特是个藏龙卧虎之地，很多当时默默无名的穷画家都在日后成了世界美术史上响当当的人物。不过，在成名及获得物质上的成功之前，这些画家因为经济拮据，所遭受的艰难困苦可一点也不少。和这些穷得叮当响的家伙相比，杜尚不光有父亲给他的经济上的资助，而且还有大哥雅克和二哥雷蒙对他在生活和事业上的提携与照顾，他简直是太顺利，太幸福了。

初到巴黎时，为了提升绘画技艺，杜尚会每天收拾得整整齐齐，然后夹着画夹去于连艺术学校练习素描，同时，他也积极参加美术学院组织的竞赛，希望能进入美术学院接受系统的艺术训练。不过，当时的杜尚在绘画上并未表现出多少才华，他在竞赛中落选了，最终未能如愿考上巴黎美术学院。

受到挫折的杜尚没有灰心，因为他压根儿就不像有些艺术家那样自视才高，并且神经脆弱。考不上就考不上吧，当艺术家又不是非得走学院派这条路。就像大哥雅克，虽然没有在美术学院当过学生，如今在插画界照样混出了名堂。再如二哥雷蒙，入行才短短几年，其雕刻作品就被选入巴黎艺术沙龙了。

杜尚决定效仿大哥，于是在大哥的帮助下加入了插画艺术家的圈子。虽然很多画家看不上插画，比如高傲的意大利画家莫迪里阿尼就宁可穷死也不愿意为杂志画插画，可杜尚一点也不在乎。恰恰相反，杜尚觉得插画艺术家们颇为有趣，总是能将很多沉重的社会问题用幽默的画作表达出来，供人一乐。杜尚喜欢和他们交往，同时也渐渐成了他们中的一员。

看待社会与生活，杜尚有着自己的角度和想法。绘画是他表达观念的手段。如他创作于1907年的《经验》，画面结构很简单，就是两个女人，一个是身材窈窕的年轻女子，一个是腰身如桶的老年妇女，年轻女子弯腰扶在一把椅子上，似乎正在聆听一脸自信的老年妇女传授“经验”。将这样两个女人放在一起，人们看见的分明是岁月的无情，杜尚却给画起名为《经验》，实在是莫大的讽刺。

不过，当一个插画家没有想象中那么容易，尤其是刚入行的新人，被拖欠和克扣报酬是常有的事。好在杜尚没有挥金如土的坏习气，总能恰当合理地安排好为数不多的钱财，于是也便勉强在巴黎生活了下来。而且他的付出也得到了一定回报——他有好几幅幽默插画都被沙龙选中并展出。可以说，作为一名插画艺术家，杜尚已经取得了初步成功。

“瓦窑里的一次爆炸”

1905年到1906年间，因为服兵役，杜尚不得不暂时中断一年艺术家的生活。不过，兵役一结束，他马上又回到了巴黎。

这时，杜尚已经19岁，在社会上磨砺了两年之后比先前成熟了一些。他从大哥雅克的房间里搬出来，在大哥隔壁租了间房子，开始了独立的艺术家生活。

杜尚刚到巴黎的那些年，也即20世纪初，整个西方现代艺术迎来了最活跃的时期，当时，各种画派如雨后春笋般冒出来，很多艺术家一夜成名，一些艺术作品展出后引起的轰动不亚于一次次的星际大爆炸。在这动荡而缤纷的艺术大世界里，作为一个不到20岁的青年，杜尚和别的年轻艺术家一样，并不知道自己的方向。一开始，野兽派像一束光照进了他的世界，使杜尚开始了油画创作，随后，塞尚和立体主义也对他产生了影响。

然而，尽管年轻，正如杜尚冷峻的长相那般，他拥有一颗冷静的会批判性接受事物的头脑。前辈艺术家的确值得尊敬，但年轻的杜尚并不盲从，他只向他们学习他喜欢的东西，然后将他学习到的技巧按自己的方式融入创作中。如他 1910 年为父亲画的肖像画，用的是野兽派的色彩和塞尚的形体，但他又不像马蒂斯和塞尚那样夸张，而是对两位前辈的风格进行了“修正”，创作出了色彩鲜明、形象立体但又不失真实的父亲形象。

1906 年到 1910 年这 4 年间，杜尚思考多于创作。不过正如那句“磨刀不误砍柴工”，杜尚学得很快，而且学得不错，他很快就追上了艺术潮流。1909 年，他的作品开始在独立沙龙和秋季沙龙展出；1910 年，他更是获得了秋季沙龙的固定会员身份，这意味着他的作品不必经过评审委员会审核便可直接展出——这对一个刚刚 20 出头的年轻艺术家来说不失为一份殊荣。

可是，挣得这一份安定和体面之后，渐渐成熟的杜尚对现状不再满足。尽管他看上去内敛、腼腆，但并不表示他缺乏思想。事实上，他是个很有主见和思想的人，只是从来不说而已。他只是去做，而且“不鸣则已，一鸣惊人”。

杜尚所做的第一桩惊人之举便是对立体主义的反叛。

1912 年，25 岁的杜尚画出了他人生中的第一件名作《下楼梯的裸女》，这幅画是对立体派艺术的动态演绎，灵感来自法国摄影师发表的表现形体活动的连续性照片。关于创作初衷，杜尚曾如此表述：**“没有人真的对运动的观念很在意，甚至未来主义者也不。”**当时，活跃在意大利的未来主义已经提出了运动的概念，但并没有着重践行运动的绘画艺术。那么，既然人人都不在意运动，杜尚觉得自己就有必要试一试。

其实，早在《下楼梯的裸女》之前，1911 年时，杜尚就实验性地画过一幅表现运动中身体的连续形象的画作《火车上忧伤的年轻人》，他将年轻人拆解为平行的线条，用因为运动而变形的仿佛具有弹性的线条来表现火车和年轻人叠加的运动。

《下楼梯的裸女》和《火车上忧伤的年轻人》运用的是相同的手法。次年，当这幅画在美国纽约的军械库展览会上露面时，激起了评论界的一片热议。有人称它是对艺术的亵渎，说这幅画颜色单调、毫无美感，完全打破了传统对美的定义。一位评论家还非常生动幽默地称这幅作品为“瓦窑里的一次爆炸”。当然，也有不少人认为这是一件具有革命性的作品，称它是“隧道尽头的光明”。

马塞尔·杜尚一夜成名。

不过，1912 年，当这幅惊世骇俗的画作被送到独立沙龙时，它曾经受到沙龙拒绝，而拒绝的理由出乎杜尚意料——竟然是因为它对立体主义的表现不够彻底，而且加入了运动的概念，有抄袭未来主义之嫌。

艺术难道不应该是自由的吗？不应该想怎么表现就怎么表现吗？

独立沙龙狭隘的流派观念令杜尚很失望。不过，一如杜尚一贯的风格，他没有与独立沙龙的评委争辩，只是悄悄乘车过去，从沙龙取回了自己的作品。

虽然每年被沙龙拒绝的作品很多，这件事对杜尚来说也构不成多大的打击，却令他对艺术产生了新的思考。

杜尚《下楼梯的裸女》

杜尚变得更加反叛了。

为了远离他所不喜欢的那些自以为是的艺术家，出人意料地，杜尚突然放下艺术家的身份，找了一份图书管理员的工作。不过，杜尚当然没有放弃艺术本身，尽管他对主流艺术抱着嘲弄的态度，还决定挑战一切艺术的前提。

“现成品艺术”

1914 年，第一次世界大战爆发。杜尚的两个哥哥都入伍参军，连两个嫂子和同为艺术家的妹妹苏珊也上前线当护士去了，可是杜尚没有上前线，据说是身体出了问题。次年，杜尚登上前往美国的轮船，随后在纽约落脚，继续玩他的艺术。

因为《下楼梯的裸女》，杜尚在美国已是名人。他刚一踏上美洲大陆，就有艺术商赶来找他，承诺给他每年 1 万美元的报酬，包下他在一年中的所有作品。1 万美元，在 20 世纪初即使算不上巨款，至少也是一大笔钱。有人做过统计，当时只需要 25 美元，就可以在较为节省的情况下在巴黎生活一个月，如果将 1 万美元平均到 12 个月，一个月就大约有 833 美元，相当于 25 美元的 33 倍。

不过，杜尚是个明白人。想用 1 万美元收买他的自由？这是不可能的。杜尚说：**“我本可以很方便地得到 1 万美元的年收入，但是，不能，我感觉到了其中的危险。从一开始我就知道怎么躲开这些危险。在 1915—1916 年那会儿我有 29 岁了，所以，我已经足够成熟来保护自己了。”**

谢绝了艺术商的好意之后，杜尚在纽约靠教授法文为生。这是一桩一石二鸟的生意——既可以赚得足够花销的费用，还能向对方学习英文。后来因为要租画室，开销大了，杜尚又在朋友的帮助下在摩根私人图书馆找了份工作，每天从下午两点工作到六点，月薪一百美元。

杜尚就这样在美国过上了安定的日子。他喜欢美国，喜欢不摆架子的美国人，而美国人也喜欢温文尔雅、与世无争且颇具独特魅力的杜尚。

杜尚颇具智慧的处世哲学和他的艺术才华还为他赢来了很多女士的喜爱。比如，杜尚有三个法文学生是银行家的女儿，三姐妹都很喜欢杜尚，时常请他吃饭，还在杜尚三十岁生日时特地为他在消夏别墅里举办了聚会，并请来了许多艺术家和文人。再如，收藏家莱德尔女士也非常喜欢杜尚，很仰慕他的智慧和才华，凡事都喜欢与杜尚商量，和杜尚之间保持了一生的友谊。一个喜爱杜尚的女模特还为杜尚写了一首热情似火的诗歌，并在沙龙里当众朗诵："杜尚杜尚，你真让我爱得疯狂，杜尚！"

杜尚身边从不缺乏女人，他在美国当然也有过几段风流韵事，但他从不会让自己陷入感情太深，就像他从不让自己对任何事物陷入太深一样。

在谈情说爱和工作之余，杜尚就在他的画室里搞艺术。不过现在，杜尚放下了他的动态立体主义，转而搞起了"现成品艺术"。所谓"现成品艺术"，顾名思义，就是将人们日常生活中非常常见的东西拿来，在上面刻句话，签个名，就成了艺术品。

杜尚有着完全自由的天性，他自己曾明确说过：**"我从来不把自己保持在一种建立好的模式里很长时间。"**其实早在 1913 年，杜尚就开始了标新立异的"现成品艺术"实验：他将一只自行车轮胎竖立在一个凳子上，作品的名字就叫《自行车轮胎》。至于他想借助这件作品表达什么，杜尚没有加以说明。他只对他的这类作品说过这样一句话：**“没有美，没有丑，没有任何美学性。”**

来到美国之后，杜尚曾买来一把雪橇，在手柄上刻了一句“断臂之前”，把它挂在画室的墙上，将它视为一件作品。

而杜尚最为有名的“现成品艺术”作品是他创作于1917年的《泉》。这件作品对艺术带有极大的挑衅，因为它分明只是一个瓷质小便器，只不过艺术家在上面标上了“R.Mutt”的签名。

有人对杜尚的这件作品提出了尖刻批评，认为他在剽窃，因为他的作品根本算不上艺术品，而是一个货真价实的工业品。对此，杜尚的解释是：**“这件《泉》是否我亲手制成无关紧要，是我选择了它，选择了一件普通生活用具，予以它新的标题，使人们从新的角度去看它。这样它原有的实用意义就丧失殆尽，却获得了一个新的内容。”**

那么杜尚企图通过《泉》表达怎样的新内容呢？

我们不妨先承认它是一件艺术作品，然后由此来追问：既然一个小便器都是艺术，那么还有什么不是艺术？然而，如果什么都是艺术，那么是不是艺术又有什么差别？什么都是艺术，就意味着什么都不是艺术。而如果什么都不是艺术，那么艺术应该是什么？

《泉》在艺术界再次引起了轰动。不过这件著名的艺术品如今不幸遗失了，据说很可能和多数杜尚的早期“现成品艺术”作品一样被当作垃圾丢掉了。后来，在成为举世闻名的大艺术家之后，杜尚又先后复制了几件《泉》的作品，分别被收藏在不同的美术馆中。不过，这些作品的命运似乎并不比原作《泉》好多少。1993年，一个名为皮侬赛列的艺术家故意在其中一个《泉》中撒尿，此后，又有两名行为艺

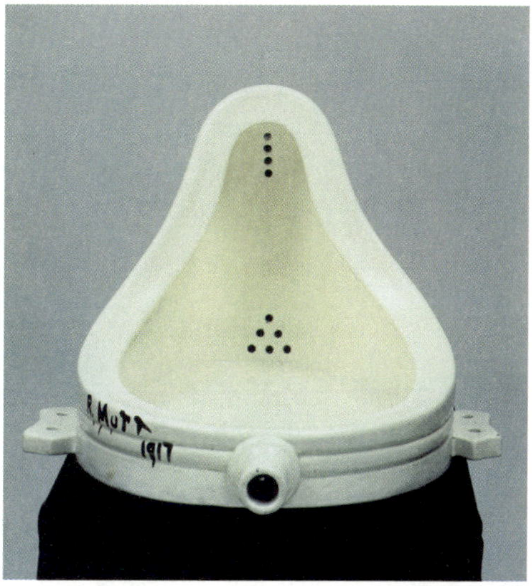

杜尚《泉》

术家试图在《泉》中撒尿。2006 年，在时隔多年后，似乎有意和《泉》过不去的皮侬赛列又用锤子将这件艺术品砸出了一个小口。被捕后，皮侬赛列为自己辩解说，如今，《泉》已经失去了挑衅价值，如果杜尚还在世，也会同意他这么做的。

杜尚与达达

1917 年，除了创作，杜尚还和几个朋友创办了两份杂志，一份叫《瞎子》，另一份叫《仑仑》。因为这两份杂志，再加上《泉》这样的反叛作品，人们常常将杜尚和当时正兴起于欧洲的达达运动联系在一起。

达达运动发起于 1915 年至 1916 年间，当时，一群因战争而从欧洲各地移居苏黎世的年轻人经常在镜子胡同的伏尔泰酒店聚会。这群年轻人厌恶战争，怀疑现存的生存价值，对现实社会存在反抗情绪，对未来则充满悲观情绪。

“达达”是这个团体的名称，在罗马尼亚语中意为“是的，是的”，在法语中意为“玩具小木马”，在德语中，则意味着愚蠢的天真。这个词是作家许尔森贝克和苏黎世达达的另一名主要成员雨果·巴尔在快速翻阅词典时无意中发现的，至于为什么会选择这个词，许尔森贝克如此解释：**“这个孩童发出的第一个声音表达了一种原始感，它从零开始，是我们艺术的新生。”**而英国艺术理论教授戴维·霍普金斯曾这样描述这一组织：**“作为一个团体，他们因为憎恨艺术的专业化而团结在一起，把自己看成是文化的破坏者，但他们反对的未必是艺术本身，而是艺术为人性的某种观念而服务的方式。”**

达达主义后来由苏黎世延伸到欧洲其他国家，如法国、德国、荷兰等，逐渐演变成一场对现代艺术影响深远的运动。

在对现存事物质疑并进行反叛这一点上，杜尚和“达达们”的确有些相似，只是杜尚比“达达们”更“达达”，对事物的否定和反叛更加彻底，并且早在达达主义诞生之前，他就已经开始悄无声息地做着一些“达达们”后来致力去做的事情了。杜尚本人并不承认他是达达的一员，事实上，他的所有艺术行为都是独自完成的，也几乎没怎么参加“达达们”的活动，他只是和达达的成员有一些若即若离的联系而已。有一次，欧洲“达达们”在巴黎办画展，想拉杜尚入伙，三番五次催要杜尚的作品。杜尚对此很反感，简单粗暴地回了一封电报：“给你个球。”结果，他的这份电报就被当成作品在展会上展出了。

尽管如此，杜尚仍被外界视为达达主义的鼻祖，被贴上“原始达达”的标签，还被认为是达达主义最具代表性的人物。杜尚的艺术与理念，甚至还招来了法国达达代表人物皮卡比亚的羡慕与嫉妒。

1917 年，皮卡比亚来到纽约，看到杜尚创办的杂志《瞎子》，立马叫板《瞎子》和他在西班牙巴塞罗那创办的达达主义杂志《391》性质雷同，既然有了《391》，《瞎子》就不必存在了。

面对皮卡比亚的挑衅，杜尚一点也没有生气，而是机智幽默地提议与对方对弈，如果是他赢了，皮卡比亚就把《391》停掉，如果皮卡比亚赢了，他就立刻停掉《瞎子》。

皮卡比亚欣然答应了，不过他知道杜尚棋艺很高，因此要求换一个人和他对弈。结果，皮卡比亚赢得了这场对弈，只办了一期的《瞎子》就这样停刊了。不过事实上它并没有真正停掉，而是改头换面成了另一份杂志《仑仑》。

不过，《仑仑》创办没多久，由于美国也被卷入了战争，杜尚就离开美国，逃到了阿根廷首都布宜诺斯艾利斯，在那里继续他的艺术创作。

长胡子的蒙娜丽莎

“一战”结束后，杜尚回到了巴黎。他依然对追名逐利的事情不感兴趣，而是淡然地一个人生活。

杜尚的淡然是实实在在的淡然。

如果有人问杜尚是否信仰上帝，他会说：**“不，一点也不。别问这个。对我来说，这个问题不存在……我没对你谈星期天蜜蜂的生活吧？这是一回事。”**

如果有人问他对政治的态度和看法，他会说：**“我们别谈这个。我对此一无所知……”**

如果和他谈文学，他会说：“有很多东西我从来没有读过，我也从来不会去读……显然，时代在变，流行的事情在换，因此人们不必非得去读它。”

如果和他谈历史，得到的回答也会差不多：“……所有这些都基于编造的历史。”

杜尚不是哲学家，但过着智者的生活。他的确有着一般艺术家所不具备的睿智，而他的生活也和通常的艺术家截然不同。淡然、超然，无挂无碍，是他生活的写照。

那么艺术呢？身为一名艺术家，杜尚对待艺术的态度又是怎样的呢？

杜尚说：“我不觉得艺术家是那种必须做出什么东西来的社会角色，好像他欠下大众什么似的。我讨厌这种想法。”

杜尚创作的宗旨是“好玩”，恰如他自己所说：“我总是由‘好玩’的想法导致自己做事的。”

因好玩，回到巴黎之后，杜尚创造出那个“长”胡子的蒙娜丽莎——杜尚从街边小店买了一张蒙娜丽莎的明信片，并给这个闻名世界的女人添上了胡子。此外，他还在明信片上用潦草的字迹写上了“L.H.O.O.Q”，这一串字母的发音颇似法语俚语中的“她是个骚货”。

杜尚就这样无情地嘲笑着经典，嘲笑时总是带着娱乐的精神。

时隔多年之后，对于这张已被视为达达主义代表作的作品，杜尚作了如下解读：“蒙娜丽莎举世皆知，并且人见人爱，把这拿来制造一个丑闻实在是太来劲了……我发现这位可怜的女郎画上胡子后变得非常强壮，这对于达·芬奇的同性恋真是相当合适。”他还说，“令人惊奇的是，添上胡子后，你再看蒙娜丽莎，她就成了男人，不是一个女

人装扮的男人，而是一个真真正正的男人，这是我的发现。当时我做这件作品时还没有发现。”

杜尚《带胡须的蒙娜丽莎》

除了嘲笑蒙娜丽莎，杜尚还把支票也嘲笑了一番。嘲笑的方式是画了一张可以乱真的假支票，以此来支付他欠牙医的115美元的诊疗费。好在这位牙医是个懂艺术的行家，偶然也收藏艺术品，他欣然接受了杜尚的这张假支票。不过20年后，杜尚又花1000法郎把这张假支票买了回去。

此外，当半年后再度离开巴黎前往纽约时，杜尚还做了一件颇有意思的事：他从药店买来一只装药水的玻璃瓶，请药剂师帮忙把药水倒掉，重新封上封口，然后将它带往美国，作为礼物送给了美国朋友阿伦斯伯格夫妇。杜尚说：**“他们什么也不缺，因此我给他们带去了五十毫升的‘巴黎的空气’。”**

不同寻常的玻璃

杜尚带着巴黎的空气来到了美国，但再度来到美国的杜尚却突然变成了罗斯·瑟拉薇。

这又是杜尚开的一个玩笑，而且是针对他自己开的一个玩笑。因为杜尚突然产生了逃离的念头——逃离自己，逃离杜尚，让自己变成一个名叫罗斯·瑟拉薇的女人。杜尚不仅开始用罗斯·瑟拉薇的名义发表作品，以罗斯·瑟拉薇的名义给朋友写信，还男扮女装，专程请好友雷·曼给他拍了一张着女装的照片存档。

这件事若发生在别人身上或许会令人惊奇，不过放在杜尚身上却似乎顺理成章。因为他原本就是这样一个人，用意大利画家布卢奇诺的话说：**“对于杜尚，对于他的作品，你会发现你所打交道的是一个非常临时性的自我，那个‘我’并不代表着构成那个人的主要部分，那个‘我’是这个人在应付各种需要时拿来用的一个东西……”**既然如此，那么究竟该以“杜尚”存在，还是该以“罗斯·瑟拉薇”存在就变得不重要了。不论是“杜尚”还是“罗斯·瑟拉薇”，都只不过是一个名字而已。

杜尚就这样带着玩的心态在美国一边“胡闹”，一边生活。1921年，因为签证到期，他不得不暂时回了一趟巴黎，但很快又回到了美国。其间，杜尚一直在断断续续地创作，而且一直耐着性子，做着一件他已经坚持做了十几年的新作品——《大玻璃》。

杜尚曾说：**“我想发现一些东西，它们和过去是全然不相干的。”**

早在1912年，为了探索与过去全然不相干的艺术，杜尚曾离开热闹的巴黎，前往欧洲另一艺术中心慕尼黑住了一段时日。在慕尼黑期间，他独身一人居住、思考，从不和别的艺术家进行交流。思考的结果是，杜尚决定尝试一种让绘画不再像绘画的艺术。

带着这一决心，杜尚开始实践他全新的实验艺术——玻璃作品。为了不受打扰，杜尚的这件工程浩大的作品几乎是秘密进行的。从1912年开始构思，1915年为作品画草图，到1923年大功告成，杜尚在这件玻璃作品上花费了整整 11 年的时间。他给作品取名为《新娘甚至被光棍们剥光了衣裳》。由于这是一件玻璃作品，因此又叫《大玻璃》。

可是，当你看到这件高达 3 米的大作时，会惊讶：新娘在哪里？光棍们又在哪里？

这幅玻璃作品和传统绘画太不一样，你根本看不到激荡的色彩，更看不到具体的人的形象。这是一幅完全抽象的用铅箔、熔丝、尘土等综合材料制成的作品，由上下两块玻璃构成，上面玻璃中的抽象图形代表新娘，下面玻璃中的巧克力磨和水车机械图旁边的小部件则代表九个光棍。杜尚说：**“新娘是一个内燃发动机。”**从她三个“窗口”发出的信号控制着下面的“光棍”。

这是一幅匪夷所思的作品，是杜尚最为重要的作品之一。完成这件作品时，杜尚 36 岁，不过，还和年轻时一样，他对待任何事都似乎有些漫不经心。按常理说，既然《大玻璃》已经耗费了杜尚整整 11 年的时间，那么无论如何都要将它打磨精细，做到尽善尽美为止，可是杜尚却在作品差一点点工作就要完成时迫不及待将它出手了。晚年时，他对自己当年的行为如此解释道：**“也许在潜意识中我根本就不想完成它。因为‘完成’这个词意味着对传统方式的接受，以及对伴随其中的所有陈规陋习的接受。”**

杜尚就是这么一个有意思的怪人！

而更怪的事情还在后面——完成《大玻璃》后，艺术家杜尚突然放弃艺术，一门心思转向了棋术。他的棋艺还很高超。1925 年，杜尚作为法国队的一名棋手，参加了国际象棋奥林匹克团体锦标赛。后来，他还赢得过法国国内锦标赛冠军，并给杂志写棋艺专栏，俨然一个棋道中人。

杜尚与超现实主义

1923 年，杜尚离开美国之后再回巴黎，这次他没有东奔西跑，而是一直在巴黎居住到第二次世界大战爆发。

自 19 世纪中后期以来，欧洲的新潮艺术前赴后继，从来没有中断过。20 世纪 20 年代，也即杜尚安居在巴黎的那段时日，继达达主义之后，超现实主义异军突起，成为时代的新潮流。

说起超现实主义，西班牙人萨尔瓦多·达利可以说是其中最有影响力的人物。和杜尚一样，达利也是个怪人，他甚至比杜尚更怪。杜尚的怪是生活方式与众不同，但他的行为本身是合乎常理的；而达利则怪得荒诞。

从小，达利就表现出他的与众不同，比如，他不爱去卫生间，而喜欢将粪便拉在走廊上；再如，他喜欢从高高的地方跳下去，把自己摔得鼻青脸肿。成年后，达利这一活宝个性不仅没有改掉，反而愈演愈烈。他说：**“我与疯子最大的区别就是我不是疯子。”**还说，**“每天早晨醒来，我都体验到一种极致的快乐，那就是身为萨尔瓦多·达利的快乐。我会问我自己：真奇怪，这个萨尔瓦多·达利，他今天会做出什么了不起的事呢？”**

杜尚喜欢当隐士，把自己隐藏到作品背后，他甚至有时连他的作品都懒得展出来被别人知道，完成了就好了，他的思想和态度已经表达过了，这件事就过去了。达利则恰恰相反，他每天都要做出一些“了不起”的事情以引人注目。比如，在着装打扮上他追求与众不同：他会把自己的两撇胡须弄得像两根高高翘起的细长的老鼠尾巴，还会用色彩鲜艳的丝绒做成服装，并在上面镶上刺绣，看上去活像穿上戏服要去表演。再如，他会经常性地用夸张的语调发表一些奇怪的言论，并做出一些匪夷所思的行为——在耳朵后面插上天竺葵晃来晃去，用动物粪便配制香水，等等。

最夸张的一次是，在伦敦举办的一场名为“偏执狂、拉斐尔前派、哈勃·马克斯和幻影”的演讲中，达利一如既往地以闪亮、惊人的方式登场：他一手牵着两只俄国狼犬，一手拿着台球棍，身上穿着一套旧式潜水衣，头盔顶上还有一个奔驰散热顶盖。不过，演讲还没开始，意外发生了——原来，因为缺氧，达利发现自己已经无法开口说话了。可是，知道达利一贯风格的观众们以为达利在台上费劲呼吸只是表演的一部分，还在台下拼命鼓掌。最后多亏达利的两个朋友，他们越看越觉得不对劲，慌忙找人用扳手卸掉了达利头上的头盔，这才救了达利一命。

达利活在“超现实”的世界中，他的真实生活简直堪与他那些充满天才同时也充满神秘、夸张、梦幻与怪诞的作品相媲美。

达利比杜尚年轻，1913 年当杜尚因《下楼梯的裸女》在美国大获成功时，达利还是个年仅 9 岁的孩子。20 世纪 20 年代，当杜尚从美国刚回到巴黎居住，当达利、米罗等崭露头角的年轻艺术家需要通过考验才能被吸纳进超现实主义“教主”布勒东所组织的艺术阵营时，布勒东却对杜尚百般拉拢，希望杜尚能成为他们中的一员。当然，还和对待达达派的态度一样，杜尚坚定但不失礼貌地谢绝了布勒东的这番好意。

不过，虽然不是超现实主义阵营里的成员，杜尚倒也愿意偶然把自己“借”给布勒东一用。

1938年，布勒东要在巴黎举办一场大型超现实主义国际艺术展览，他邀请杜尚为该展设计展厅，杜尚爽快地应承了下来。

于是，到了开幕式那天，前来参加展览的嘉宾和观众就看到了这样一次别开生面的展览：展厅外是达利的合成作品《下雨天的出租车》，这是一辆老式出租车，驾驶员是长着鲨鱼头的怪物，乘客是金发的橱窗模特，生菜、莴笋和大蜗牛构成了她晚礼服上的花饰。出租车里装着一个淋浴喷头，在车里不断地下着雨。门厅一侧是“超现实主义街”，一共摆着二十多个由超现实主义画家为其装扮的女性蜡像。随后，迎接观众的是一个奇妙的“洞穴”，顶上挂满了装着纸团和其他轻盈填充物的鼓鼓囊囊的麻袋，地上是落叶和枯草，四角是四张华丽的淌水的床，灯在火盆里散发出幽暗的光，空气中还弥漫着烤咖啡豆和巴西香水的味道。经过这一番奇妙之旅后，观众才终于抵达正厅，得以欣赏超现实主义画家那些怪诞的作品。

事实证明，杜尚将这次展览布置得非常精彩，令观众非常满意。不过，杜尚自己却未出席开幕式，而是一布置完展厅就登上火车逃到伦敦去了。他从不勉强自己做不喜欢的事。

艺术之外的艺术家

杜尚有一种本领，做事总是不徐不疾，很能把握自己的节奏。而他的节奏常常是自然而然、水到渠成的那种，非常随性，而不是一开始就规划好，然后很努力地去实现自己的目标。

或许正因如此，杜尚并不是一个高产的艺术家。他不想给自己压力，想做什么的时候就做一下，做了之后也不追求效果，因此自《大玻璃》之后，在很长一段时间内他都没再出过什么有影响力的作品。

作为一名艺术家，如果没有多少作品可卖，那就必须寻找别的生存途径。1925 年，杜尚的父亲去世了，杜尚失去了有力的经济后盾，为了生活，他从一名艺术家转向了一名艺术商。毕竟，尽管杜尚对金钱不感兴趣，尤其不想因为金钱失去自由，但他也要食人间烟火。金钱是必需品，没有它生活就难以为继。

事实上，在成为一名艺术商之前，杜尚已经尝试过多种生意。他在美国时曾出资与一个来自法国的画家兼染工合伙开过一个染坊，专门为羽毛、兽皮等高级货上色，投资的 3000 法郎是从父亲那里借来的。不过染坊生意没做起来，杜尚倒把 3000 法郎全部赔了进去。

随后，杜尚又想做一条链子上挂着“DADA”四个字母的金属达达饰品。不过，这桩生意就像一个玩笑，杜尚从来没有付诸实践。

再后来，杜尚还做了一件本身有点像行为艺术的事：发行债券。当时，杜尚对赌场上的轮盘赌产生了兴趣，他设计出一套通过精密计算可能取胜的系统，然后将之运用到赌场上，结果果真赚了些钱。这件事让杜尚萌生了一个疯狂的想法：何不让大家来投资他的轮盘赌，赢了之后再一起来分成呢？

1925 年，为了轮盘赌这桩“大生意”，杜尚决定发行“债券”，每张“债券”售价 500 法郎，如果杜尚在轮盘赌上赢了钱，购买债券的人就可以分得百分之二十的红利。

杜尚应该也是觉得好玩才做的这件事，不过他的朋友们都觉得他疯了，只有少数几个亲密好友出于友情向他购买了他设计的“蒙特卡罗债券”。当然，他们的投资并非毫无价值，虽然他们从杜尚那里得到的分红微乎其微，不过那张债券本身作为一件艺术品，如今的价值已经比当时的发行额面不知涨了多少倍。

在20世纪30年代，杜尚还做过一组名为“旋转浮雕”的光学玩具，每个售价15法郎，杜尚兴致勃勃地做了500个，满以为都会卖出去，结果却根本无人问津。

总而言之，身为艺术家的杜尚在经商上似乎并没有多少天分，作为艺术家的他最终还是通过艺术品买卖赚了点钱，在很长一段时间里靠帮朋友出售艺术品养活自己。好在杜尚的生活非常简单，什么汽车、房子，他都没有，也不需要。他尽可能避免物质上的各种累赘与负担，在感情上也是如此——他没有妻子，也没有孩子，至少在1927年之前是这样。他的一个情人为他生的女儿是他多年后才知道的。

可是，1927年，杜尚却出人意料地结婚了。新娘是一个名叫莉迪亚的胖姑娘，她是富商的女儿，父亲因为爱上一个女演员要和发妻离婚，而发妻答应离婚的条件是必须在他们24岁仍待字闺中的女儿出嫁之后。杜尚的朋友皮卡比亚为这位急于讨好新欢的父亲解了燃眉之急——他把杜尚介绍给了富商的女儿莉迪亚，杜尚和莉迪亚就这样结婚了。

40岁的杜尚在单身了那么久之后为什么会突然想要结婚?

用他自己的话说，他厌倦了单身生活，想通过结婚改变一下生活方式，而这时恰好有一个姑娘也想要结婚，就这么简单。

那他为什么要选择没见过几次面的年轻姑娘莉迪亚而不是从诸多爱慕他的情人中选一个呢?

尽管杜尚很可能不会承认，但这件事多多少少和钱有关。因为当莉迪亚的父亲在婚前把杜尚叫到他的办公室签协议，当杜尚在得知莉迪亚每月只能从父亲那里领到 2500 法郎，也即差不多 100 美元的生活费时，杜尚表现得有些沮丧——这点儿生活费，莉迪亚自己花起来都紧巴巴的，根本不可能对他的生活产生什么影响。不过，杜尚还是如约跟莉迪亚结婚了，但婚后的他依然过着类似于单身汉的生活，经常忽略妻子的存在。这段婚姻只维持了 3 个月，杜尚又回到了单身生活。

1954 年，在单身了 27 年之后，当时已经搬到美国居住的杜尚又结婚了。这回他的新娘是皮埃尔 · 马蒂斯的第一任妻子，也即野兽主义大师亨利 · 马蒂斯的儿媳。婚后的杜尚带着妻子，在法国和美国两地跑来跑去。他的创作越来越少，但他为数不多的作品在展出后引起的反响却使他在国际上的名声越来越响。

叔本华说："坏的艺术模仿，好的艺术创作，最好的艺术超越。"

1968 年，杜尚因心脏病突发逝世。但世人不会忘记马塞尔 · 杜尚这个名字，不会忘记这个独立、大胆、创新、不断超越又极富人格魅力、多少还带点神秘感的男人。

一个与不尽如人意的世界相对抗的男人
——玛格利特

画家: 雷内·玛格利特（Rene Magritte，1898—1967）
国籍: 比利时
代表作:《戈尔康德》
类型: 油画
艺术风格: 超现实主义

墓地上的画家

20世纪20年代，受到弗洛伊德精神分析理论的影响，一个奇怪的艺术流派在欧洲诞生，并在此后对欧美艺术产生了巨大影响。这个艺术流派被称为“超现实主义”，神秘、恐怖、怪诞是超现实主义画家的共同特点。

说起超现实主义画家，人们很容易想起萨尔瓦多·达利，想起胡安·米罗，当然还有比他们早了半个世纪的超现实主义鼻祖亨利·卢梭。作为生活于同一时期的艺术家，相比之下，雷内·玛格利特的名字似乎没有达利、米罗那么响亮，不过在艺术圈内，玛格利特绝对是一个响当当的名字。

玛格利特《伟大的战争》

说起玛格利特，你或许会联想到曾经的苏格兰女王玛格丽特和当今的丹麦女王玛格丽特，还有一种知名的鸡尾酒也叫玛格丽特，它在1949 年还获得了全美鸡尾酒大赛的冠军。玛格丽特和玛格利特听起来很像，不过，雷内 · 玛格利特和这些全然没有关系，他既不是皇族的后裔，也不是某款鸡尾酒的创始人，在他成名之前，他只是一个普普通通的比利时公民，1898 年诞生于比利时西南部的莱西恩地区，父亲是一个裁缝，母亲是一名女帽销售员，仅此而已。

玛格利特的童年没有多少趣事，成年之后的生活也风平浪静，既没有和女模特之间的风花雪月、浪漫爱情，也没有像达戈 · 里维拉那样投入到轰轰烈烈的革命与政治洪流中去，更不像莫迪里阿尼那样又酗酒又吸毒。玛格利特是一个忠诚、安静、谦让、礼貌又自律的男人，他的生活平淡无奇得简直不像一个艺术家。

如果非要说一说玛格利特的成长故事，那么大概唯一值得一说的是，玛格利特才 14 岁大时，他的母亲突然投河自尽了。人们将这个可怜的女人从河里打捞上来，用裙子盖住她的脸。这张被裙子盖住的脸从此留在了玛格利特的印象中。

成为画家之后，玛格利特画了许多没有面孔的画，或者说，画中人物的五官被各种各样的东西挡住了——它们可能是一只苹果，可能是一束鲜花，也可能是一块面纱。人们认为玛格利特画作中这些奇怪的形象多多少少受了他母亲投河自尽这件事的影响，不过玛格利特自己并不承认。

或许是童年生活太过平淡无奇，玛格利特几乎将他的整个童年都淡忘了。他只记住了一件事，当时，他和一个小女孩在一个荒废的墓地玩耍，那一天阳光很好，他们看见一个来自首都的画家正在墓地作画。出于好奇，玛格利特走了过去，他盯着画家的画板看了好一会儿，认为画中的墓地就和真的一样。

正是这件事，让童年的玛格利特对绘画产生了浓厚兴趣，直接促使他走上了职业画家的道路。

基里柯的小兄弟

1916 年，18 岁的玛格利特来到首都布鲁塞尔，在布鲁塞尔艺术学院接受了专业的绘画训练。从学校毕业后，他在一家彩色壁纸厂找了份绘画员的工作，不久后和童年时的玩伴乔吉特结了婚。

为了生活，玛格利特除了绘制壁纸，还接了一些画广告画、绘制活页乐谱的封面等活计。总之，玛格利特在生活上非常务实，同时也勤勤恳恳，一点没有艺术家的架子，他从不对工作挑三拣四，也不会认为从事这些普通的工作会降低他的身份。

当然，工作之余，玛格利特并没有忘记作为一名艺术家的理想。他和艺术圈的朋友们始终保持着往来，同时也接触了当时的许多新潮艺术，如未来主义、立体主义、抽象主义等。而对玛格利特影响最深、最终决定他绘画方向的，还是超现实主义。尤其是意大利超现实主义大师乔治·德·基里柯的作品，深深地影响了玛格利特的创作。

乔治·德·基里柯出生于 1888 年，比玛格利特大了整整 10 岁。他的父亲是来自西西里岛的工程师，在基里柯很小的时候就过世了。基里柯 12 岁开始学画，18 岁考入慕尼黑美术学院，此间深受尼采、叔本华等哲学家的思想熏陶。当基里柯对人生和世界有了较为深入的思考之后，他的画风也随之改变了，由最初的浪漫主义和象征主义风格，转向了根据想象来创作、和现实相去甚远、带有形而上特色的超现实主义。人们常可以在他的作品中见到空旷的广场、细长的影子、渺小的人影及一些笔直耸立的高塔，并体会到一种孤独空旷的寂静和追求自由的力量。基里柯创作于 1917 年至 1918 年间的《伟大的形而上学者》，在公开展出后被视为形而上学最典型的作品。

玛格利特第一次看到基里柯的作品是在一本杂志上，当时，这本杂志刊登了基里柯创作于 1914 年的帆布油画《恋歌》，画面的主体是一个经典的石膏头像，头像旁边是一只被钉在墙上的巨大的外科医生的手套。玛格利特从这幅画中看到了“诗歌对绘画的优越性”，并为此感动得泪流满面。

受到基里柯的启发和影响，玛格利特开始转向超现实主义。从 1927 年起，他开始为杂志《超现实主义的革命》撰稿，并画出了第一批超现实主义的作品。遗憾的是，玛格利特举行的第一次个人展览并不成功，而且受到了侮辱性的批评。一怒之下，玛格利特离开了布鲁塞尔，逃到了聚集着一群和他一样前卫的艺术家的巴黎，并在不久后加入了超现实主义艺术家团体。

在巴黎期间，玛格利特逐渐探索出一套独一无二的绘画语言。如果说达利的绘画是疯狂的、热情的，是对自我幻想、困境与梦境的揭示，那么玛格利特的绘画则是冷静的、严肃的，甚至生硬地表达了他对神秘世界的思考和感受及他对现实世界的不满与反抗。

创作于 1928 年的《恋人》是玛格利特那一时期的代表作品。画面中，天空布满阴云，背景是一片晦暗的山林，画面的主体是一对情侣，但两人的头部都蒙上了面纱，颇具神秘色彩。

此外，和《恋人》差不多创作于同一时期的另外一个版本的《恋人》，画风也很晦涩怪异，画面的背景很简单，看上去像是蓝天下的一片大海，背景前画着一个女人，一颗男人的头颅像是从另一张画上剪下来的，飞在空中，紧贴着女子的面颊。

玛格利特《强暴》

这些奇怪的绘画充满了神秘与怪诞气息，而且完全没有人们通常在绘画中所寻求的美。当然，美并不是玛格利特创作的追求。玛格利特追求的是思想，是某种概念。在他看来，审美需要让位给概念。

幸运的是，尽管玛格利特的作品不易读懂，同时也缺乏美感，却恰巧迎合了新的艺术潮流。很快，玛格利特遇到了一位赏识他的布鲁塞尔画商，在画商的支持下，玛格利特得以从广告宣传画中解脱出来，全心全意投入到真正的艺术创作中去。

后来，由于布鲁塞尔画商的画廊关闭，玛格利特一度陷入了财务危机，于是他携家人离开巴黎重回比利时，一边从事商业艺术工作以养家糊口，一边继续探索具有他个人特质的绘画艺术。

一只不是烟斗的烟斗

虽然超现实主义是一个团体，但玛格利特在探求艺术的道路上却是独身一人。当多数超现实主义画家深受弗洛伊德影响，努力在画面中分析着梦境、表达着潜意识的东西时，玛格利特却对潜意识没什么兴趣。他想开辟一片新的领域，希望通过创作一些违背现实的图像，来挑战人们对现实的理解。

渐渐地，他找到了一些表达的途径。

石头是玛格利特很喜欢表达的主题之一。在《比利牛斯山的城堡》中，玛格利特将一块巨岩画在了天空中，天空下是一片平静的打着浪花的大海，巨岩上是一座石头城堡，看上去非常渺小，宛若孩童的积木玩具一般。《清晰的思路》的构图和《比利牛斯山的城堡》很像，只是石头的外形变了一下，石头上不再有城堡，而是变成了一朵飘浮在空中的白云。玛格利特还在《无形的世界》中把石头搬进了房间，一块巨石孤零零地矗立在房间，房间的门大开着，门外有一道栏杆，栏杆外是无边无际的天空和大海。

石头是平凡的，四处可见，但玛格利特就喜欢将人们习以为常甚至因为太常见而视而不见的寻常事物当成绘画主题，在画布上呈现出来。他不仅喜欢表达石头，还曾在《旅途的记忆》中，将万事万物都做了"石化"处理，在他笔下，人、狮子、房屋、桌子、蜡烛、水果、水果刀、酒瓶、鹰……全部变成了石头。这些石头沉默不语，却诗意而冷静地诠释着玛格利特对世界的理解。

除了石头，玛格利特还喜欢画苹果，而且是没有成熟的青苹果。

在《已婚的牧师》中，玛格利特画了两只戴面具的素描苹果；在《听音室》里，一只巨大的青苹果被关在一个四方形的窄小房间里，这只苹果占据了整个画面，苹果的柄几乎要顶破天花板，使人感到非常局促和拥挤。然而，究竟是苹果太大还是房间太小呢？这或许正是玛格利特要留给观众思考的。

在玛格利特所有关于苹果的画作中，最引人遐思的是那幅创作于1964年的《这不是苹果》。画面中，玛格利特只用非常简单的颜色为画布铺了背景，然后在单色的背景前画了一只颇为逼真的苹果，并在上面写了一句话："这不是苹果。"

这明明是一只苹果，为什么说这不是苹果呢？

这不禁令人想起玛格利特的另一幅性质相同的作品《意向的背叛》。《意向的背叛》是玛格利特从年轻一直画到年老的关于烟斗的主题。玛格利特最早的"烟斗画"创作于1929年，当时他刚刚30出头，但对世界已经有了自己深刻的见解。他在单一的纯色背景上画了一只崭新的非常逼真的烟斗，并在下面写了一句话："这不是一只烟斗。"

明明是一只烟斗，为什么说不是烟斗呢？

或许，你可以说，没错，这不是一只烟斗，烟斗只是画的主题，这只是一幅画。

不过玛格利特自己是这样说的：**"人可以在词与物之间建立新关系，也可以明确语言和物体在日常生活中常被忽略的某些品质。"**

如果说这句话不好理解，那么我们不妨换一种方式来说：烟斗只是人们赋予它的一个名称，它可以叫烟斗，也可以叫其他名称，它可以因为它的形象被人们赋予各种含义，但这并不影响它的本质，不管人们叫它什么，它都是它本身，还是以它自己的方式存在着。

天空是什么

除了苹果和石头，玛格利特还爱上了天空。他爱画各种各样的天空，其中画得最多的，是飘浮着白云的蓝天。但是，他不像别的画家那样只拿天空来做背景，在玛格利特的作品中，天空常常以一种奇特的方式呈现出来，而且经常喧宾夺主，成为一幅画的主角。

在《心弦》中，玛格利特画了一幅蓝天下山峦起伏的画风颇为写实的风景画，不过风景只是背景，画面的主体部分完全是超现实的——一只比山丘还高大的巨型玻璃酒杯立在山下的草原上，酒杯里盛着一朵洁白的云。在《错误的镜子》里，蓝天白云成了一个人的眼球。在《雨

玛格利特《错误的镜子》

后的云》中，大片的云朵从露台飘进房间。在《雕像的未来》中，蓝天白云则被“印”到了整个雕像的皮肤上。

有时，玛格利特还喜欢将天空的一部分“剪”下来，“贴”到别的东西上面。比如，在《伟大的家族》里，他“剪”下了一片鸽子形状的天空，将“它”贴到了一片大海上方的天空上；在《望远镜》中，蓝天白云和蔚蓝的大海则被“剪”下来“贴”在了柜门上；而在《圣人的回忆录》中，蓝天白云则被“贴”在像纸张一样被卷成一个圆筒状的红色幕布的背面。

除了剪贴法，玛格利特还很喜欢将他喜爱的蓝天白云和他运用得炉火纯青的错视法结合到一起。

比如《空白签名》，乍一看仿佛是一幅很普通的风景画，画的是一个穿戴整齐的女子骑马经过一片树林，树林背后是蓝色的天空。但凑近仔细看时，你会发现并不是这么回事——后面的小树挡住了前面的马及马上的女子，远处的天空一部分被树挡住，一部分却挡住了树前的马和人。

再如《杰梅尼·尼兰肖像》，玛格利特将一片星空下的大海用错视的方式“贴”到了一幅室内肖像画的正中央，星空下的大海看上去像是一块图案为星空和大海的门帘，遮住了画中人物的半个身体，又像是门外的真实夜景。

总之，通过这种奇怪的手法，玛格利特的作品经常带给人奇特的视觉体验，并且打破了人们习以为常的思维习惯，能够让人更加深入地去思考一些形而上的问题。而玛格利特自己也并不以艺术家自居。在他自己看来，他更为准确的身份应当是一个思想家，或者说哲学家。

戴圆顶礼帽的大师

玛格利特曾说：**“我厌恶顺从、忍耐、装腔作势的英雄主义和义不容辞的美妙感觉。我也厌恶装饰艺术、民间传说、广告宣传、公开宣告、气体力学、童子军、樟脑丸的气味、当前发生的事件和醉酒的人。”**

玛格利特厌恶那么多事物，那么他喜欢什么呢？除了石头、苹果、蓝天白云，他还喜欢什么呢？

他还喜欢他自己。喜欢像他自己那样戴圆顶礼帽、穿西装和皮鞋的温文尔雅的男子。这一形象也像烟斗一样，玛格利特从年轻一直画到年老，几乎画了一辈子。

《沉思的孤独者》是玛格利特 28 岁时的作品，画面中，一个男人戴着圆顶礼帽、穿着黑色西服、双手插兜，背对着观众站在一条光线晦暗的河边，他的身后横着一具僵硬的裸体。而时隔 30 年后，《沉思的孤独者》变成了《得到报偿的诗人》，两幅画中的背景几乎一样，只是当年晦暗的风景换成了充满温暖和光明的灿烂的云霞。

当然，这个戴礼帽的男人有时也会转过身来，只是他从来都是神秘的，他的脸要么被一只苹果挡住了，要么被一只鸽子挡住了，要么被戴上了黑色眼罩——总之，观众休想认出他的模样。只有在《漫游者》中，戴礼帽的男人终于露出了五官，可是，他的脑袋竟然脱离衣帽独自飘在了空中。

这个男人究竟是谁？是玛格利特自己还是其他男人？

玛格利特年轻时经济拮据，才能得不到认可，第一次画展被批评得体无完肤，境遇很像那个“沉思的孤独者”。而在 20 世纪中期之后，他渐渐声名鹊起，其作品在世界各地展出，用“得到报偿的诗人”来形容他最恰当不过。

很多作家的作品中多多少少都有着作家自己的影子，想必画家也如此。不过，玛格利特却在一幅作品中，用“人类的儿子”定义了这个戴礼帽、穿西服的男人的身份。

在玛格利特的作品中，“人类的儿子”总是孤独存在，但有时也会聚到一起。其中最为极端的例子是《戈尔康德》，在这幅画中，上百个“人类的儿子”从天而降，他们看上去非常相似，但又确有不同，带给人非常震撼的视觉冲击。

玛格利特晚年时很多作品都卖出了高价，而他所创作的错视绘画和他那直截了当、简洁明了的艺术风格对 20 世纪中期诞生于英国后来风靡美国的波普艺术，以及绘画艺术之外的服装设计，甚至摇滚音乐，都产生了深远影响。但他的一生，却像他画作中这些无名无姓的男人一样，过得非常简单而平静。

1967 年，玛格利特因胰腺癌与世长辞。他的作品四处可见，他的名字却并不为世人所知。或许，玛格利特正是希望得到这样的结果——让世人关注他的作品，让作品来代言他的思想，而不是让他的私生活比他的作品更引人关注。

速度与激情的未来派领袖
——翁贝托·波丘尼

画家： 翁贝托·波丘尼（Umberto Boccioni，1882—1916）
国籍： 意大利
代表作：《弹性》
类型： 油画
艺术风格： 未来主义

未来主义宣言

1913 年，马塞尔·杜尚完成于此前一年的作品《下楼梯的裸女》在美国展出后大获成功，成功的原因是杜尚巧妙地将立体主义与运动在绘画中做了结合。在杜尚之前，从来没有人这么做过。不过，如果要因此断言杜尚就是第一个将运动引入绘画的人，翁贝托·波丘尼恐怕不会同意。

翁贝托·波丘尼出生于 1882 年，故乡在意大利，曾师从贾科莫·巴拉学习新印象派绘画技巧。

有意思的是，当别国艺术家纷纷前往意大利朝圣古典艺术时，包括翁贝托·波丘尼在内的意大利本国的年轻艺术家却一直想摆脱传统。

这或许和数百年来意大利在艺术上的沉浮有关。

从14世纪到17世纪，在长达数百年的漫长时光里，意大利作为文艺复兴运动的发祥地，曾一直占据着欧洲艺术中心的崇高地位。不论是建筑、雕刻，还是绘画方面，意大利从来都不缺乏艺术上的天才：乔托、马萨乔、乌切洛、波提切利、达·芬奇、米开朗琪罗、拉斐尔、贝利尼、乔尔乔涅、提香、丁托列托、卡拉瓦乔……这些至今仍享有盛名的大师，用他们无与伦比的才华将佛罗伦萨、威尼斯、罗马打造成了令世界各地的艺术家纷纷前往朝圣的艺术圣地。

但是，到了18世纪之后，意大利的艺术却渐渐衰落，欧洲的艺术中心逐渐从佛罗伦萨和罗马转移到了法国巴黎、德国慕尼黑和英国伦敦等地。意大利的艺术变成了博物馆里的艺术，几个世纪以来，鲜有新鲜血液的注入。

当然，这并不表示意大利的年轻人就放弃了振兴艺术的雄心。翁贝托·波丘尼就是一个野心勃勃的艺术革新者，很想通过一场激烈的艺术运动来改变意大利死气沉沉的现状——这场艺术运动，就是20世纪初曾经轰动一时的未来主义运动。

最先发起未来主义运动的，是意大利诗人、艺术评论家马里内蒂，他比波丘尼年长6岁，父亲是一名律师，母亲是一个抒情诗人。马里内蒂继承了母亲的文学天赋，对诗歌情有独钟。1905年，29岁的他创办了《诗歌》杂志，一边刊登意大利颓废派诗作，一边大力介绍法国象征派诗人，逐渐赢得了国际声誉。

1909年，马里内蒂又做了一个大动作，那就是在巴黎最具销量且历史悠久的《费加罗报》上发表《未来主义宣言》。宣言的内容慷慨激昂、豪情万丈，马里内蒂像写诗一样用充满激情的语言如此写道：

我们要歌颂追求冒险的热情、劲头十足地横冲直撞的行动。

英勇、无畏、叛逆，将是我们诗歌的本质因素。

文学从古至今一直赞美停滞不前的思想、痴迷的感情和酣沉的睡梦。我们赞美进取性的运动、焦虑不安的失眠、奔跑的步伐、翻跟头、打耳光和挥拳头。

我们认为，宏伟的世界获得了一种新的美——速度之美，从而变得丰富多姿。一辆赛车的外壳上装饰着粗大的管子，像恶狠狠地张嘴哈气的蛇。

…………

我们从意大利向全世界发出这份具有冲击力和煽动性的宣言书，宣告我们于今天创立未来主义。我们的目的是切除这个国家肌体上生长着的由教授、考古学家、导游和古董商们组成的臭气熏天的痈疽。

意大利充当一个旧货市场的时期已经太长了。我们要把这个国家从数不清的博物馆中拯救出来，这些博物馆将无数的坟场墓地布满它的大地。

《未来主义宣言》以浮夸的文字宣告传统艺术的死亡，号召创造与新的生存条件相适应的艺术形式，宣告未来主义的诞生。

这是一份追求冒险、提倡速度之美、急切要求和过去割断联系的宣言，同时也是一份蕴藏着极大危险和极大破坏性的宣言。就凭它赞美斗争、赞美进攻性、歌颂战争，并称战争为“清洁世界的唯一手段”便可嗅出它的危险。

然而，不得不承认，马里内蒂的语言颇具冲击力和煽动性，他一

翁贝托·波丘尼《大笑》

下子点燃了那些渴望改变现状的人的心灵。几乎一夜之间，文化界各领域都纷纷发表了冠以“未来主义”名称的宣言。

1910 年，翁贝托·波丘尼也加入了“未来主义”的阵营，和他的老师巴拉及其他意大利艺术家一起发表了《未来主义绘画宣言》，声称：“**我们将竭尽全力和那些过时的、盲信的、被罪恶的博物馆所鼓舞着的旧信仰做斗争。我们要反抗陈腐过时的传统绘画、雕塑和古董，反抗一切在时光流逝中肮脏和腐朽的事物。我们要有勇于反抗一切的精神。这种精神是年轻的、崭新的，伴随着对不公的甚至罪恶的旧生活的毁灭。**”

时隔两年之后，同时也身为雕塑家的波丘尼又发表了《未来主义雕塑宣言》，宣布：“**绝对而彻底地抛弃外轮廓线和封闭式的雕塑，让**

我们扯开人体并且把它周围的环境也包括到里面来。”

究竟谁“动”得更早

既然过去的艺术是陈腐的，那么未来的艺术应该怎么样呢？

波丘尼早前学的是新印象主义绘画技巧，用色彩明亮的小笔触创造了一些漂亮但没有多少特色的风景画和人物肖像画。这些安静的作品，显然不能表现《未来主义宣言 》所提倡的宗旨。

1909 年，波丘尼深受《未来主义宣言》的启发，将运动引入绘画，创作了他的第一件未来主义绘画作品《美术馆里的骚动》。在这幅作品中，画家采用俯视的角度、放射状的构图，描绘了许多运动着、奔跑着的人涌向美术馆大门的骚动、混乱的景象。

虽然采用的仍是新印象主义表现色彩的手法，但因为运动的引入，《美术馆里的骚动》和波丘尼之前的作品有了明显的意义上的不同。波丘尼仿佛有意要通过嘈杂的、乱哄哄的场景，向人们暗示美术馆所代表的古典艺术正在受到现代工业文明的冲击。

自《美术馆里的骚动》之后，波丘尼对运动和力量的表现变得停不下来。他创作了一系列名为《心境》的组画。这些组画，有的借鉴了当时颇为流行的立体主义的创作手法，有的则仍用新印象主义的手法绘成，不管采用何种方式，我们都可以从画面上看到一系列重叠的和连续的层次交错与组合，或用一系列的波浪线和直线表现的光与声音。通过这种方式，波丘尼将处于迅疾运动中的物象表现得淋漓尽致。

除了绘画，身为雕塑家的波丘尼还创造了一系列线条富有力量感和动态感的现代雕塑作品，如那座创作于 1913 年的金灿灿的青铜雕像《空间连续的独特形体》，塑造了一个没有头和手的人体，展示出了人物步行时的连续性，被视为未来主义在雕塑方面的代表作品。

艺术家们的创作与探索虽然往往都是独自进行的，但有时也会“撞车”。比如，在 1912 年，当杜尚正专心致志地创作着他的《下楼梯的裸女》时，波丘尼也创作了一幅将立体主义与运动相结合的名作——《弹性》。在这幅作品中，画家采用立体主义的创作手法，综合表现了一匹骏马在比赛时的所有动作，和杜尚的《下楼梯的裸女》有着异曲同工之妙。

那么，究竟谁才是将运动引入绘画、将运动和立体主义结合起来的鼻祖呢？是杜尚，还是波丘尼？

未来派艺术兴起于意大利，1912 年曾在巴黎举办过一次未来派作品展。不过，当时杜尚已经独立创作出了《下楼梯的裸女》，而且早在 1911 年，杜尚就画过一幅和《下楼梯的裸女》类似的将运动和立体主义相结合的作品《火车上忧伤的年轻人》。而波丘尼的《弹性》是在未来派作品展之后才开始创作的。

不过，不论谁先谁后，杜尚和波丘尼本质上是不一样的。

杜尚厌恶战争，厌恶斗争。他说：**“你如果一边战斗，就无法一边发笑了。”**他只是冷眼旁观这个世界，然后用他俏皮的、温和的方式对这个世界加以嘲讽。波丘尼却是激进的、激烈的，他热爱斗争，在第一次世界大战期间还主动投入了战争。

杜尚通过艺术来反思美，嘲讽美；波丘尼则力求在绘画中追求速度之美、力量之美。

杜尚在画过《下楼梯的裸女》之后开始了新的艺术征程，他不再重复自己；波丘尼却一直还在绘画中继续探索对速度与力量之美的表现。

这些诸多的不同，使得杜尚和波丘尼的绘画在气质上截然不同，同时也让杜尚和波丘尼走上了完全不同的艺术道路。

沿着未来主义的绘画道路，波丘尼将会走多远？我们已经永远得不到答案。因为，这个未来主义最杰出的代表人物和理论家，不幸在1916 年坠马身亡。

我们唯一可以知道的是，当年和波丘尼一样满怀热情投身到未来主义绘画艺术中的老师巴拉，最后转向了人物肖像和城市风光画的创作，而另一位未来主义的成员卡洛·卡拉，则在 1916 年与基里柯相识之后，投入了“形而上”绘画艺术的怀抱。

寂寥的美国当代风景画大师

——霍普

画家： 爱德华 · 霍普（Edward Hopper，1882—1967）

国籍： 美国

代表作：《夜鹰》

类型： 油画

艺术风格： 现实主义

美国人在欧洲

爱德华 · 霍普是 20 世纪最重要的画家之一，以描绘美国寂寥的当代风景画闻名于世。难能可贵的是，当欧洲和美国画家纷纷被卷入现代主义浪潮时，霍普却一直默默地坚持画着他那些现实主义的画作，并逐渐探索出一条属于他自己的伟大艺术道路。

不过，走现实主义道路并非霍普的初衷。

1882 年，爱德华 · 霍普出生于纽约奈阿克镇的一个商人家庭，父母都是虔诚的浸礼会教友。从小，爱德华就和兄弟马里安一起被教导过远离酒精和跳舞的循规蹈矩的生活。绘画逐渐成为爱德华 · 霍普的爱好，他也很早就在这方面显露出了高于常人的天赋。

对于学画这件事，父母对霍普是支持的，但他们反对他当一个职业画家。在父母看来，成为一名职业插画师倒还算得上不错的职业，于是他们给霍普在一家专门函授插画的学校报了名。可是，霍普的理想并不在此，加上函授学校里机械的教学令他颇为不满，第二年他就放弃了插画学习。

爱德华·霍普是个沉默寡言的人，但为追求自己的理想，他居然说服了父母让他去纽约艺术学院学习真正的绘画艺术。他的老师是美国垃圾箱画派的领袖之一罗伯特·亨利，支持非传统艺术，也教授非传统艺术，他的绘画善于捕捉瞬间的动作和精神，代表作有《穿白衣的荷兰女人》《他本人》等。

学习绘画是个漫长的过程，霍普在纽约一学就是6年。6年后，他觉得纽约已经没有想要学的东西，便动身前往向往已久的欧洲，决定去著名艺术家云集的现代艺术中心巴黎寻求进一步发展。

在巴黎，霍普在母亲为他安排的巴黎浸礼会，如饥似渴地学习印象派绘画技巧。在巴黎期间，霍普谨记恩师罗伯特·亨利的教诲，描绘他最了解的城市和街道生活。他常常坐在咖啡厅，用心观察来来往往的人群，随后将他从现实生活中提炼出来的素材纳入画布，绘下许多充满巴黎风情的咖啡馆。

霍普以为用心创作就可获得成功。但很快，他发现实现理想远比想象的要困难。数年后，当霍普回到美国，急切地想要向美国同胞展示他崭新的艺术成果时，他遭受了沉重打击——在长达十几年的时间里，除1913年卖出了一幅作品，他的画作根本无人问津。

现实总是赤裸裸的。为了生计，霍普不得不暂时放下职业画家的身份，走上了他原本不屑一顾的商业艺术道路。站在现实层面，当一

霍普《自画像》

个广告画画家收入稳定，又不需要冒风险，要比当职业画家轻松许多。但霍普对这份工作厌恶至极，每次去上班时，他都要在他所服务的广告公司楼下徘徊几圈，然后才很不情愿地走进去。

生活的围城

1923 年，对霍普来说是至关重要的一年。

这一年夏天，霍普在马萨诸塞州濒临大西洋的格鲁赛斯特一带度假，在那里遇到了女画家约瑟芬·尼维森。约瑟芬·尼维森也是罗伯特·亨利的学生，和霍普是同学，与霍普久别重逢时她正在学校教书，是个独立的现代职业女性。霍普欣赏约瑟芬的独立，约瑟芬则爱上了霍普对艺术的执着及他潜在的才能，当他们在大西洋海岸一边散步一边充满向往地谈论着和法国有关的一切尤其是法国艺术时，爱情在两个人之间悄悄滋生。

霍普又高又瘦，身高约为 1.96 米，性格内敛，沉默寡言；约瑟芬则身材又矮又胖，身高不及 1.5 米，体重 90 斤，而且性格外向开朗，善于交际。不论从外貌还是从性格上看，霍普和约瑟芬都有着天壤之别，不过，这样的两个人却在 1924 年初夏结为了夫妻。

当霍普和约瑟芬走在一起时，过大的身高差距使这对夫妻看上去有些滑稽。当然，霍普不在乎这些，约瑟芬也不在乎这些，他们在乎的，只有真正属于他们的生活，以及属于他们的艺术。

1923 年，霍普人生中有了一次重要转折：他对版画产生了浓厚兴趣，并在版画制作中找到了水彩画和油画发挥的空间。很快，因为版画，霍普永远告别了商业插画，重新回到了职业画家的路上。

一天中，霍普最重要的事情就是创作。创作之外所有的事情，几乎被约瑟芬一人独揽：她既是霍普的模特，也是霍普的经纪人，同时当然也是霍普精神及生活上的伴侣。

刚刚迈过 40 岁门槛的霍普有了稳定的家庭生活，同时也找到了艺术的出路。他渐渐放下法式画风，开始关注美国本土风情，他那些描绘美国当代风景的画作很受市场欢迎。

霍普的生活逐渐步入正轨。他从小循规蹈矩，成家后的生活也四平八稳，几乎没什么波澜：冬天，他和妻子约瑟芬在纽约曼哈顿过冬；夏天，他们前往美国西南部或墨西哥，在那里度过整个夏天；随后，他们又回到他们恋爱的马萨诸塞州，一直在那里住到秋冬季节再度来临。

或许日复一日地作画、过一种波澜不惊的生活最符合霍普的理想，可约瑟芬一点也不喜欢毫无激情的生活方式。她渴望丈夫能多给她一点爱抚、多给她一点关注，有时为了引起霍普的注意，约瑟芬甚至故意挑起战争，但霍普回应她的永远只有沉默。

对于爱德华·霍普没完没了的沉默，妻子约瑟芬是这样形容的：**“有时候和爱德华说话，就像把石头扔到一口深井中，可石头落到井底，至少还会发出‘砰’的一声呢！”**

约瑟芬对丈夫的沉默很无奈，有一次，她竟然被逼到用绝食来威胁的地步，在她绝食了两天之后，丈夫终于就范了。但约瑟芬的胜利并不持久。

作为妻子，约瑟芬其实并不想通过不愉快的方式来和霍普交流。除了在忍无可忍的情况下不得已采取极端措施，她也曾利用艺术家的身份，希望通过画作来吸引丈夫的注意力。这下，霍普倒是不再沉默了，而是对妻子约瑟芬的画作进行了无情的嘲笑。

约瑟芬并不是乖巧的猫，她是有脾气的女艺术家。也许，和大艺术家霍普相比，约瑟芬的绘画的确少了那么一点才华，尽管技艺娴熟，却缺乏生气和打动人的地方，但谁能忍受丈夫公开对自己的作品加以毫不客气的嘲讽呢？

而霍普，尽管他通常对约瑟芬的无理取闹保持沉默，但也有“在沉默中爆发”的时刻。

就这样，两位艺术家之间的好戏开始了：当他们无法通过争吵来平息内心的怒火时，他们开始对对方拳脚相加。

真要动起手来，身材娇小的约瑟芬当然不是霍普的对手。有一次在科德角的一家餐厅外，因为约瑟芬的驾驶技术不太高明，霍普不让约瑟芬开车，但约瑟芬执意要开，于是生气的霍普一言不发，拉住约瑟芬的脚就拼命向车外拖，约瑟芬却死死抓住方向盘不肯放手。这对艺术家夫妻之间的打斗，着实让街上的路人欣赏了一出闹剧。

不过，身材娇小的约瑟芬又抓又挠的全力反击有时也颇为疯狂，据说有一次霍普外出度假时脸上还留着两道被妻子挠出的长长的痕迹。而约瑟芬对此颇为自豪，曾向朋友夸口，说她把丈夫打了个死去活来。

沉默的力量

当然，霍普的沉默并不是只针对约瑟芬一人。他几乎对所有人沉默。有人欣赏他的沉默寡言，也有人对此表示厌恶。不论别人如何评价他，霍普的沉默一如既往，直到老年时仍是如此。

1955 年，霍普获得了美国艺术和文学学会颁发的金质奖章。颁奖

霍普《海边的房间》

时霍普正在墨西哥北边的蒙特雷度假，他只是寄去了获奖感言，然后让同为艺术家的亨利·普尔代表他领奖。在颁奖典礼上，亨利·普尔幽默地说道：**“爱德华·霍普从安全的远方——墨西哥北边的蒙特雷寄来了获奖感言……如果要他站在这儿说出来，他一定只说‘谢谢’。要是他万分激动、豪情万丈，他也许会说：‘太感谢了！’”**

至于霍普自己，对于自己的沉默，他是如此解释的：“如果可以用语言表达出来，那何必要画画？”

霍普的“话”都被画进了作品中。他正是通过画布来表达思想、传达情绪的。而霍普所擅长的绘画语言，和他本人一样，是一种沉默的语言。作为一名艺术大师，爱德华·霍普不仅技巧娴熟、画工高超，而且有着以犀利独到的艺术视角来精准、细腻地表达人物内心感受的本领。他的作品，总是充满孤独、寂寥的气氛。

如他创作于 1927 年的《自助餐厅》，一个穿绿衣的女人独自坐在一张圆桌前，眼睛向下看着手中的咖啡杯，若有所思。没有人知道她的故事，但可以看出她的孤独和寂寥。

再如他创作于 1929 年的《中餐厅（杂碎）》，画的是一家中餐厅中的景象。

在恋爱及新婚之初的那段岁月，霍普经常光顾纽约一家名为“远东茶园”的中餐厅。他的《中餐厅（杂碎）》所画的，便是这家“远东茶园”。画面中，阳光透过玻璃窗照进餐厅，餐厅墙上挂着一件土黄色外套，窗外是醒目的“CHOP SUEY”招牌的一部分。画中共有 4 个人物，远处是面对面坐着的一个男人和一个女人，近处则是两个戴帽子的女人，穿绿衣的女子面色苍白，钟形帽下的表情令人不易猜测，她的眼睛看向前方，并没有落在她对面的同伴身上，也避免与观众有目光接触。霍普通过《中餐厅（杂碎）》所传达出的，仍是他一贯擅长的寂寥与孤独。

而创作于 1942 年的《夜鹰》，可说是霍普最著名的表现孤独与寂寥的作品。这幅作品创作于第二次世界大战期间。当时，第二次世界大战已全面爆发，整个世界陷入了恐怖之中。由于珍珠港事件，这年元月，一开始保持中立的美国也卷入了战争。尽管战场不在美国，但战争的伤害无处不在，无数本该有大好前程的热血青年奔赴战场，数十万美国士兵牺牲在异国的战场上，即便是那些留下来的人，内心也被恐惧、痛苦、不安与焦虑占满。曾经的快乐一去不返。

在战争期间，许多艺术家应征入伍，直接参与到战争中，另一些则选择用艺术的方式对战争加以谴责。如毕加索，他创作了大型作品《格尔尼卡》，用绘画记录了德军疯狂轰炸西班牙北部重镇格尔尼卡，大肆屠戮百姓，将格尔尼卡夷为平地的罪恶事件，表达了他对暴力的反抗与憎恶。

霍普的《夜鹰》没有正面描绘战争，画面上没有恶魔，没有逃难与尖叫的人，甚至连一滴血都看不见。画布上呈现的只是深夜街角的一个餐厅——仍旧是餐厅，他百画不厌的餐厅。画面中，寂寥的街道上空空荡荡，没有一个行人，只有一家餐厅亮着灯，耀眼的灯光照亮了巨大的透明玻璃墙和餐厅内的四个人：有一人孑然一身，背对着观众孤独而坐；他的对面并肩坐着两个人，身体挨得较近，看上去像是一对情侣，但彼此间没有交流——既没有眼神交流，也没有动作和语言的交流，而是双唇紧闭，沉浸在各自的世界中；另一个人是年老的服务员，弯着腰、抬着头，但眼神并没有看向顾客。虽然画中有四个人，但巨大的孤独感却弥漫开来，犹如餐厅外的深夜，令人产生溺水般的

霍普《夜鹰》

LLIES

压抑感和孤独感。

霍普作画有一个特色，画中的人物往往都是以自己与妻子约瑟芬为模特塑造。但他画中的孤独与寂寥不是他一个人的。用帕蒂·容克的话来评价：**“画中的光隔离了他们，这种光是当时美国人的共同经验。霍普运用了这种具有形而上学意义的、美国特有的光线，并利用光来创造矛盾，增强了画中人物尖锐的孤独感。”**

但不论是《自助餐厅》，还是《中餐厅（杂碎）》，抑或是《夜鹰》，这些餐厅的桌上都只有餐具，而没有食物。之所以如此处理，是因为霍普和妻子约瑟芬都对食物不感兴趣，他们经常用罐装食物当晚餐。对霍普来说，唯有人物所处的空间才是最重要的。

寂寥的谢幕

第二次世界大战结束后，抽象主义在美国大为流行。如抽象表现主义大师杰克逊·波洛克，他用那些尺寸巨大的“滴墨画”征服了世界，而另一位抽象表现主义的重要画家阿道夫·戈特利布，则以自称为“象形画”的系列作品在画坛崭露头角。

但爱德华·霍普并没有紧跟形势。他所钟情的依然是他的“美国风情”，那些被强烈的阳光所照亮的孤独及人与人之间的疏离感。只是，相比之前的作品，霍普晚期作品中的阳光更强烈了，而在绘画的内容上，原来那种犹如电影场景般带有故事性的画面被宛若几何图形的、有一束阳光流转其间的建筑所取代。

如创作于 1951 年的《海边的房间》，画面的主体是一道白色的墙，墙上什么也没有，一半是阴影，一半被从透明玻璃门射进来的强烈的阳光照亮。玻璃门外是蓝色的大海和天空，同样空无一物；墙背后的房间里可见一个立柜的一角、一把沙发椅，及挂在墙上的半幅画。你似乎可以感受到有海风和带着腥味的新鲜空气从门外进来，此外可以感受到的，仍是那种霍普的画作里常有的不可用语言描述的巨大的孤独。

进入 20 世纪 60 年代后，霍普的身体越来越糟糕，他深受疾病所扰，但仍坚持作画。1965 年，大概是预感到生命即将结束，爱德华·霍普画下了著名的《两个喜剧演员》。高高的舞台上，穿白裙的约瑟芬和穿白衣的霍普手牵着手，在巨大而暗沉的幕布前向观众做最后的谢幕。

这幅画成了霍普的绝笔。两年后，霍普在他所喜爱的格林尼治的公寓里去世。尽管吵吵闹闹过了一辈子，霍普的死仍令约瑟芬悲痛欲绝。将近半个世纪的共同生活与陪伴已经将约瑟芬与霍普融在了一起。霍普去世后，约瑟芬在一封信中称她自己成了一个“被截肢的人”“被割下了一半血肉，血淋淋的”。10 个月后，约瑟芬也在悲伤与孤寂中随丈夫而去。

“发明”滴画的酒鬼
——波洛克

画家： 杰克逊·波洛克（Jackson Pollock，1912—1956）
国籍： 美国
代表作：《1948 年作品第五号》
类型： 油画
艺术风格： 抽象表现主义

妈妈的宝贝

18 世纪末，一个名叫萨拉·唐山德的弗吉尼亚女人用一辆手推车载着全部家当，拖着不情不愿的丈夫斯派克，在起伏不平的路上奔波数百里，来到了马里兰州南部的一片土地上拓荒。斯派克夫妇只是千千万万新大陆拓荒者的一个渺小缩影，他们本身的故事并不精彩，但萨拉·唐山德的勤劳、对更美好生活的向往及不厌其烦搬家的癖好，却影响了一代又一代。

1903 年，斯派克家族的后人斯黛拉和一个身材瘦小、看上去带点孩子气的一位农民的养子鲁瓦·波洛克在牧师的见证下结了婚，然后他们搬到怀俄明州的小镇科迪安居下来。斯黛拉和鲁瓦就是美国大名鼎鼎的行动绘画的创始人杰克逊·波洛克的父母。

杰克逊·波洛克是家中五个孩子中最小的那个。在生了四个儿子之后，母亲斯黛拉和父亲鲁瓦都想要一个女儿，因此杰克逊出生后有数年时间里，一直被男扮女装穿裙子。后来，杰克逊恢复了男装，但仍是母亲最疼爱的孩子，一直到十几岁，母亲仍把他唤作“我的宝贝”。

母亲对杰克逊宠爱有加，可能一则因为他长得非常漂亮可爱，二则因为他出生时脐带绕颈差点死掉，但后来侥幸活了下来。不过，受到母亲专宠未必是好事，杰克逊受到四个哥哥的嫉妒，他们虽然不欺负他，但有意忽视他，经常不把这个小不点儿放在眼里。这件事对杰克逊敏感的心灵造成了很大伤害，他成年后回忆童年往事，曾说他经常梦见哥哥们将他推下悬崖——可想而知，这是多么可怕的体验。

对杰克逊造成深刻影响的不只是他的哥哥们，还有他的父母。

杰克逊的父亲鲁瓦是个勤劳而沉默寡言的男人，母亲斯黛拉则精干强势，在家庭事务上享有绝对权威。虽然家庭并不富裕，斯黛拉却对中产阶级的精致生活充满向往，她会将丈夫有限收入的绝大部分用来购买对一个农民家庭来说绝对称得上奢侈的物品。她订阅了《妇女家庭杂志》，积极追随时尚潮流，每天都要花上一美元买纯正的黄油，坚决拒绝用人造黄油烹饪；她还会买各种各样精美漂亮的布料，将它们加工后用来布置住宅的角角落落。斯黛拉拥有一双善于缝纫与烹饪的巧手，能将一所普通的住宅装饰得颇为华丽，能用带蕾丝花边的衣服将孩子们打扮得漂漂亮亮，但对一个普通的农民家庭来说，斯黛拉这样做实在有些太挥霍了。

除了她那“大城市”的品位，斯黛拉还有一大癖好，就是传承自先祖的“流浪”特质。1912 年底，杰克逊·波洛克还不满一周岁，母亲斯黛拉就带着他和他四个哥哥乘着火车开始了长达整整一个星期的远行。在随后的数年中，波洛克一家又几经迁徙，从科迪到亚利桑那凤凰城，再到加利福尼亚奇科，再到简斯维尔镇……并不是每次搬家都是必需的、理性的，很多时候往往只是斯黛拉的一时脑热。她所选中的新住宅和新产业未必比原来的更好，而且搬来搬去不仅会损耗大量钱财，还使全家人感到动荡不安——尽管如此，斯黛拉仍停不下来。

斯黛拉的一意孤行换来的是家庭成员对她隐而不发的不满，继而是他们一个个离她而去。最先离开这个家的是丈夫鲁瓦。从杰克逊9岁时起，父亲鲁瓦就抛下家庭远走他乡，一年中极少回家，只有每个月的支票如期而至。接着是大儿子查尔斯，在高中即将毕业时突然辍学，独自前往洛杉矶追求自己的艺术理想。再接着，二儿子杰伊也离开了。三儿子弗兰克虽然没有离家，但他不是在学校，就是在送杂货赚取零花钱的路上，家中很难看到他的身影。

在家中陪伴斯黛拉的只有最小的两个儿子。对杰克逊来说，他的玩伴就只有四哥桑特了。杰克逊很依赖桑特，几乎与他形影不离，要是能得到桑特的关注和认可，杰克逊便会感到极大的满足。可是，最终桑特也离开了他。

孤身一人的杰克逊感到分外失落。他的性格一开始就体现出了某种强烈的依赖性，一离开哥哥们，他就会变得像个小男孩一样无法自立。因为他缺乏男子汉气概，四哥桑特曾嘲讽他“胆小怕事”。桑特的评价令杰克逊很受伤，为了证明自己是男子汉，他开始喝酒。可是他的酒量不行，用医生的话说，他的“化学代谢很脆弱”，杰克逊每次都稍饮即醉，而且醉时常常发酒疯。有一次因为醉酒，杰克逊冲撞了学校里后备军官训练团的军官，结果被送上了军事法庭，还被从后备军官训练团踢了出来。

总之，少年时期的杰克逊·波洛克尚未展露出什么才华，却已具备了酒鬼的潜质。

“我不认为我有任何天赋”

1928 年，杰克逊·波洛克在中学辍学后也步哥哥们的后尘离开母亲，带着对艺术的追求来到了大城市洛杉矶，在一所手工艺术学校学习绘画。

艺术系的主任是一个姓施万科夫斯基的英俊男人，为人和蔼，画风保守，性格古怪，信仰神秘主义，学生们叫他施万尼，有时也叫他“怪人”。“怪人”算不上富有创造力的艺术家，却是一个踏实勤恳的教育工作者，他在手工艺术学校当了一辈子教员，除了教学，也为学校剧场设计舞台道具、组织击剑队、设计“色彩周”，有时还会在学校活动中亮一嗓子。据他女儿回忆，“怪人”鼓励学生描绘自己的梦境，教他们创新的技巧，比如，他会将油画颜料倒入有水的玻璃碟，或将水彩颜料倒在酒精和松脂中，让学生们观察色彩在这些液体中的变化。

杰克逊很喜欢“怪人”的各式实验，不过实验只是点缀，绘画课的主要内容是素描练习。

在素描这件事上，杰克逊可不是一个好学生。这倒并非他不求上进，而是他实在没法对照着一个物体画像。当他的同学们总能灵活地运用铅笔、自如地挥洒线条时，杰克逊却觉得自己的手腕和手臂整个儿是僵硬的。杰克逊的哥哥，同样热爱艺术的桑特曾这样评价杰克逊的绘画才能：**“杰克逊没办法照着物体画像，如果你看过他早期的画，**

你会说他应该去打网球或者修水管。”

看着自己下了功夫却依然非常失败的素描作品，杰克逊备受打击。在绘画中找不到自信和存在感的他开始将注意力转移到别的方面——他加入了“怪人”老师的核心学生圈，这个小团体共有五名成员，一伙人总是形影不离，并喜欢在放学后去成员之一的托勒金·马努埃尔家由后院鸡舍改造的临时画室里看美术方面的书籍，或临摹喜欢的图像，当然，也像这个年龄段的男孩子通常会做的那样，偷偷地抽烟斗。

在手工艺术学校的第一个学期，杰克逊过得还算平静。这段时间，除了画画，他还在其中一个朋友家里邂逅了大量介绍法国最前沿艺术和艺术家的书。通过这些书，杰克逊对塞尚、高更、毕加索、马蒂斯等现代画家有了一定了解，对绘画也有了新的思考。

此外，这一阶段，杰克逊的思想也在渐渐发生改变。“怪人”老师施万科夫斯基将印度哲学家克里希那穆提的思想带进了杰克逊的世界。杰克逊对克里希那穆提的《小径上的微光》非常着迷，曾在给哥哥查尔斯的信中如此写道：**“其中说的东西似乎与现实生活的真谛背道而驰，但只要加以思考，付诸实践，我想这是一份有益的向导。我希望你也能读一读，并告诉我你的想法。”**

或许，杰克逊之所以被《小径上的微光》所吸引，是因为他也需要一束微光来照亮他的生活。他快要成年，渴望能有所成就，但实际上他并不出众，也不知道自己能够做什么、适合做什么。虽然他选择了艺术，但素描练习带给他的挫败感与日俱增。他想要融入人群，也成功加入了五人小团体，但与家人的疏离感、与学校里其他人之间的疏离感却一直伴随着他，这些都给杰克逊构成了巨大压力。要与这些现实的压力相抗衡，杰克逊需要巨大的力量，而克里希那穆提那些教导人的话语，如“从古至今，智者皆远离俗众”“对美的欣赏在于个人”“每个人都有自己的道路”等，则给了杰克逊安慰和力量。

克里希那穆提的思想是一回事，杰克逊对它的理解又是一回事。我们无法评判杰克逊对这位东方哲人的理解究竟是对是错，只知道他的确受到了影响，并走向了反叛。

1929 年春，杰克逊和几个志同道合的朋友组成叛逆联盟，印刷了一份发表他们宣言的小册子，并将其塞进了学生的储物柜和教员的信箱。这本小册子对当时在全美变得颇为狂热的体育进行了谴责，开篇就说：**“我们发自肺腑地谴责对运动竞技不合理的过分偏视以及随之导致的对知识的贬低。”**……在经过一番慷慨陈词之后，文章在最后呼吁道：**“同学们，手工艺术学校呼唤改革，期待你们众志成城。”**

有人认为，艺术系主任施万科夫斯基很可能是这一反叛事件的幕后策划。不论这一猜测是否正确，至少这篇印在小册子上的文章绝不可能是杰克逊写的，杰克逊只是作为叛逆联盟的成员做了些辅助性的琐碎工作。但由于保安的指认，杰克逊却成了这一事件唯一需要承担后果的人。

叛逆联盟被学校对杰克逊不公的处罚激怒了，于是又发表了一份《发手工艺术同学书》，对校方的惩罚提出了疑问。不过这份质疑不但没有帮助到杰克逊，反倒更激起了校方对这件事的警惕。大概为了以儆效尤，杰克逊受到开除的处分。

离开学校之后，杰克逊并没有闲着，他积极参与工会组织的活动，同时还和“怪人”老师及好友托勒金等人一起赶到 70 英里外的奥海聆听哲人克里希那穆提的开示。亲见这位神秘而伟大的东方哲人之后，杰克逊对他的仰慕之情更加浓厚，不禁从发型和服饰上也开始模仿起克里希那穆提来。

7 月份，无所事事的杰克逊被一向很少露面的父亲鲁瓦“逮住”，和父亲住在一起，过了一段修路队工人的日子。不过，这对本来就感情生疏的父子很快就因理念不合爆发了战争。

杰克逊离开父亲，再次回到洛杉矶。可是在洛杉矶他能做什么？杰克逊陷入了无限的迷惘和孤独之中，像一只航船在大海上失去了方向。

是大哥查尔斯充满关怀与鼓励的信件让杰克逊感觉到一股可以依靠的力量，使他走出困难，重新建立起自信和希望。

杰克逊重新回到手工艺术学校，重新拿起了画笔。他期待有一个全新的开始，结果却是什么都没改变：他的素描几乎没什么进步，依然冷冰冰的没有一点生气；他在学校的处境和表现也一如既往——不按规则选修课程，只选自己喜欢的课和喜欢的老师，旷课，学业懒散，讨厌体育课，因冲撞体育教练被再度劝退。

最终，在少数几个爱护杰克逊的老师和母亲斯黛拉的努力下，杰克逊得以继续待在学校。可他沮丧极了，甚至因为各方面的不顺陷入了极度抑郁的状态。他直截了当地承认：“我不认为我有任何天赋。”在他写给大哥查尔斯的信中，他表露了自己内心的焦虑及对未来的担忧：

说实话，我的画糟透了，它们冰冷而无生气，好像缺乏自由和韵律……事实上，我从未画出过什么真正的作品，每完成一幅，我都会觉得厌恶并由此失去兴趣……虽然我认为我能成为某种意义上的艺术家，但至今我都没能向我自己以及别人证明我拥有这种天赋。

“最逊的那一个”

1930 年，杰克逊的人生迎来了转机——在大哥查尔斯和三哥弗兰克的劝导下，他随同他们一起去了纽约。

在杰克逊来到纽约之前，查尔斯已经通过自己的努力在纽约扎下了根，他拥有一间自己的画室，通过给电影卡片画插画及给西 13 街城乡学校当兼职老师赚取稳定的收入，他还有一个漂亮的女朋友伊丽莎白，并很受老师托马斯·本顿的器重。初到纽约时，杰克逊住在大哥查尔斯家，他对查尔斯又仰慕又嫉妒，并在内心开始了暗暗的较量——要成为一个超过查尔斯的艺术家。

这年 9 月，杰克逊离开查尔斯家，自己在几个街区外租了房子单住，并在查尔斯的介绍下开始了在艺术学生联盟的课程。

艺术学生联盟坐落在一座陈旧的文艺复兴时期的法式建筑里，这里的老师有很多是满怀理想抱负的画家，来此学习的学生也都怀着想要在艺术上干出一番事业的宏愿。令杰克逊满意的是，这里没有讨厌的体育课，也没有严苛的纪律和各种讨厌的处罚与规定，环境惊人地宽松。

最初，因为拙劣的绘画技艺，杰克逊曾感到非常苦闷，但之后，因老师托马斯·本顿对他的格外照顾，杰克逊渐渐有了融入感，心情也好了许多。

托马斯·本顿是美国乡土画派的领袖，地方主义画家，他之所以对杰克逊关照有加，倒不是他慧眼识才、从杰克逊拙劣的素描作品中看到了蕴藏其后的惊人天赋，事实上，对于杰克逊，本顿的评价是**“他是个门外汉……他的头脑绝对没有任何逻辑思考的能力。孺子不可教也”**。但杰克逊在绘画中备受挫折却依然坚持不懈的态度，令本顿想起了年轻时的自己——他和杰克逊的人生经历和故事不一样，但在心路历程上却有着某种契合或者说相似之处。

本顿的教学非常严格，批评也很尖刻，但当他面对时刻都处于濒临放弃绘画边缘的杰克逊时，经常说的一句话是：**“我见过太多有天赋的人因为缺少必要的内在动力而放弃追求艺术。”**对杰克逊来说，这样的话无疑很受用。本顿的关心不止于此，他还经常在课外给杰克逊开小灶，甚至直接在杰克逊的素描纸上帮他修改线条。

在哥哥们眼中，杰克逊是不成熟的、处处需要帮助和照顾的小弟弟；在父亲眼中，他则是个一无是处又不肯踏实谋生的小混混。杰克逊很渴望得到来自男性的认可，本顿让他找到了同盟，于是他用崇拜和模仿本顿的方式来回报老师：他处处跟风，将本顿教授给他的技术和主题一一落实到每一个笔触中；当本顿以“西部画家”自居时，他会戴着一顶牛仔帽四处转悠，并给同学和朋友们大讲特讲他曾经的西部牛仔生活。1931 年夏天，为了响应本顿所说的**“像男人一样去体验真正的美国”**，杰克逊甚至开始了一场充满凶险、威胁与饥饿的写生之旅，尽管结果是将自己搞得身心疲惫、狼狈不堪。

但所有这些付出都是值得的——杰克逊成功晋升为本顿的得意门生，并参与了本顿首幅大型墙画的重要筹备工作，他还像家人一样融入到本顿的家庭，深受本顿夫人和小本顿的喜爱。

一切似乎变得顺利起来，过去的困难和挫折都烟消云散——但是，这只是假象。

暑假，当杰克逊重回洛杉矶见到他那些老朋友，发现昔日友人一个个都已在艺术圈小有成就时，他被强烈的孤独感和不安全感所裹挟。他写信给查尔斯，感叹**“我成了他们眼中最逊的那一个”**。

但这还不是最坏的。

1932 年 4 月，在麦克道格尔小巷举办的第一次公开展览让杰克逊再度看清了自己——只要五到十美元，顾客就可以买走他的一幅签名作品，但他坐在路边等了一整天，一幅画也没有卖出去。

杰克逊脆弱的内心世界几乎要崩溃了。酒精为阴沉抑郁的他提供了发泄的借口。一次，醉酒的杰克逊抓起一把斧头，朝查尔斯挂在墙上的油画作品用力砍了下去，在墙上留下了一道深深的斧痕。

哥哥们觉得有义务帮助在成长中遇到麻烦的弟弟走出困境，大家都很用心，但没有实质性地帮上多少忙。

真正改变杰克逊的是发生在新学期的两件事：本顿接受印第安纳州的委托，前往芝加哥为 1933 年的芝加哥世博会制作墙画；而父亲鲁瓦由于常年辛劳突然病倒，在经历数月孤独的挣扎后永远离开了他的儿子们。

本顿离开后，杰克逊进入了约翰 · 斯洛恩的素描班。约翰 · 斯洛恩才不会像本顿那样如父如友地对杰克逊加以格外关照。杰克逊被迫正视现实，重新寻找出路。长久以来因为在绘画上缺乏天赋而无比沮丧的杰克逊再也不想在没有希望的素描上耗下去，他突然放弃绘画转向了雕塑。但不久之后，他又回到了绘画上，并且画风突变。如 1933

年的《女人》，五个形容枯槁的人和一个飘在空中的骷髅头围在一个身材魁伟的女人四周，画面中，不论是情绪化的笔触和阴沉晦暗的色调，还是充满死亡意味的压抑主题，都完全脱离了托马斯·本顿的绘画风格。

杰克逊·波洛克就快要找到属于他自己的艺术了。

三十岁的生日礼物

杰克逊的生活几乎没有风平浪静的时候，他不是处在无法创作出满意作品的痛苦中，就是处在醉酒闹事的麻烦中。

杰克逊常常喝得酩酊大醉、不省人事，醉酒后的他什么事都干得出来。有一次，他因为冲撞并侮辱警官被逮捕入狱，哥哥查尔斯费了很大的劲才将他保释出来；还有一次，他醉酒后爬上屋顶，挥着拳头对着月亮咒骂：“你这个该死的月亮！你这个该死的月亮！”最严重的一次是，一贯喜欢酒后驾车狂奔的杰克逊撞毁了大哥查尔斯转让给他和桑特的一辆福特 A 型车。

杰克逊对酒精的热衷很可能受到酒鬼父亲鲁瓦的影响——当鲁瓦还和妻儿住在一起时，他和妻子间紧张的关系，加上美国西北部寒冷的天气，使得他常常需要借助酒精来驱散内心的郁闷和身体的寒冷。不过，杰克逊酗酒的程度远远超过父亲——这是一种自我毁灭式酗酒，带有病态性质，除非被酒精醉倒，否则杰克逊的狂躁不安就会无处宣泄。哥哥们认为，杰克逊的这种心理疾病和他对女性的冷漠是相关的。他们曾尝试给杰克逊物色一个女朋友，但被杰克逊赶走了。杰克逊对待女性非常粗暴，尤其是醉酒之后，常常用下流、难听的话语来侮辱她们。

面对无法照料自己且总惹麻烦的杰克逊，四哥桑特决定牺牲自己的生活来照顾他。当杰克逊醉倒在咖啡店不省人事时，是桑特一次次将他背回家里。在弟弟面前，桑特扮演着“母亲”的角色，但这只是权宜之计，桑特最终要有自己的家庭，杰克逊不可能一直和他生活在一起。

为了治愈杰克逊的病，查尔斯和桑特决定带他去看心理医生。但杰克逊对此非常排斥，他厌恶医生对他私生活的盘问和干涉，对医院和医生都充满了敌意。他提前中断了住院治疗，充满恨意地回到生活中，内心想要依靠自己的意志力戒酒，双手却又毫不犹豫地接过别人递来的酒杯。

20 世纪 30 年代，美国经济陷入持续低迷的大萧条时期，失业大潮席卷了各个领域。波洛克兄弟们也纷纷失业了，连在纽约干得有声有色的查尔斯也手头紧巴巴的，只是勉强度日而已。在寒冷的冬季，付不起房租的杰克逊和桑特搬到了一座没有暖气也没有热水的废弃的商务楼顶楼。这场经济危机对绝大多数人来讲是一场灾难，但对杰克逊来说却意味着宝贵的机遇。

为了生计，杰克逊开始在瓷碗上作画，并在本顿夫人的帮助下通过卖碗来赚取一些收入。这件事看起来似乎只是一项简单的手工，实际上却真正打开了杰克逊自由创作的大门。瓷碗不像油画布，在上面画画有一套严格的程序，仿佛不那么做就是错误的、不可行的。在瓷碗上画画完全可以随心所欲，自己想画什么就画什么。杰克逊第一次在瓷碗这个小舞台上找到了自己的施展空间，他开始渐渐抛开课堂上学到的东西，非常自由地作画。如他的瓷碗作品《男人的飞翔》，红色、黄色、蓝色的抽象裸体飘浮在一个光辉四射的中心人物周围，线条充满强烈的动感。

而比瓷碗作画更令杰克逊兴奋和喜悦的，是他与大卫·阿尔法罗·西凯罗斯的结识。西凯罗斯是20世纪墨西哥最著名的三个壁画大师之一，与里维拉、奥罗斯科齐名。如果说里维拉的壁画以题材取胜，那么西凯罗斯则以大胆的技术革新令世人大开眼界。西凯罗斯的工作室就像一个大型工厂，在这里，颜料、画板、工具、彩车部件和布景的片段堆积如山，喷枪、压缩机、钻床和线锯在不同的人手里同时工作着，嘈杂的响声从早到晚不绝于耳。

杰克逊和桑特是以义务助理的身份参与到西凯罗斯的工作中的。当时他们已经成功申请到联邦政府为救援艺术家设立的WPA项目，每月可领到100美元左右的薪酬，而且还有免费的公寓可住，完全不愁基本的生活问题。在西凯罗斯的工作室，杰克逊见识了西凯罗斯从来不打底稿，而是利用颜料的动态特性直接在巨大的画板上作画、创作出“夺目的色彩光晕”的情景。杰克逊过去对绘画的理解完全被颠覆了。他第一次深刻地体会到，原来绘画艺术在尺寸上、材料上、方法上，甚至在对艺术本质属性的基本假设上，都存在如此巨大的可能性。

西凯罗斯并没有将这些可能性发挥到极致，他依然在实验和尝试，但看上去似乎有些力不从心——而这正是杰克逊的机会。

恰是那个阶段，杰克逊与艺术之间的内在联系，因为心理医生约瑟夫·亨德森的出现而发生了微妙变化。约瑟夫·亨德森是著名心理学家荣格的学生，对于荣格的理论，他几乎照单全收，他努力想通过杰克逊艺术创作中的“符号”来寻找病症并给予对应治疗，因为荣格说过，艺术家是符号的制造者，而这些符号，正是探知一个人内心的入口。

亨德森的亲切关怀与循循善诱是成功的，他的确让杰克逊放下戒心，并对他产生了信任与依赖，但令他不安的是，随着对荣格理论认识的逐渐加深，杰克逊开始有意识地根据分析师的需要为分析师量身定制图像。这件事的结果是，亨德森没能帮助杰克逊治愈他心理上的问题和对酒精的依恋，却为杰克逊的艺术开启了另一扇大门：将精神分析的洞见转变为艺术上的突破。

除了瓷碗、西凯罗斯和亨德森，这一阶段还有一件事深刻地影响了杰克逊，那就是在 1939 年 1 月，他见到了毕加索的《格尔尼卡》。和那个年代绝大多数年轻艺术家一样，在杰克逊眼中，毕加索是当时最伟大的天才。毕加索的艺术令他着迷，令他兴奋，他从《格尔尼卡》中看到了这么多年压在他内心的模模糊糊的东西——一种原始的艺术冲动。

正是在诸多因素的综合影响下，杰克逊对艺术有了全新的理解与追求。他甚至不再一个人作画，而是加入到先锋画家的团体中。他的目标是超越所有这些已成名的艺术家。

20 世纪 40 年代的最初几年，杰克逊创作出一些带有毕加索、米罗等先锋画家的影子，同时也颇具个人特色的“拿得出手”的作品。

1942 年 1 月，“美国与法国绘画展”在纽约开幕，杰克逊·波洛克的作品《诞生》第一次和毕加索、鲁奥、莫迪里阿尼、马蒂斯、布拉克、基里柯等名家的作品挂在了一起。这对杰克逊来说，不失为艺术道路上的一个重要里程碑。

一个精干强悍的女人

杰克逊的哥哥们曾为杰克逊对女人的冷淡和粗暴态度忧心忡忡，一个 30 岁的男人居然还从未交过女朋友在他们看来简直不可思议。不过，他们担忧的问题在 1941 年得到了解决。

1941 年，一个名叫李 · 克拉斯纳的女人突然出现在杰克逊的工作室门口。

李 · 克拉斯纳出生于一个封闭的犹太家庭，由于父亲长期不在家，母亲又脾气火暴，她在很小的时候就养成了叛逆的性格，并经常产生想要离家出走的冲动。1925 年，克拉斯纳考上了艺术联盟学院女子艺术学校，4 年后就读于美国国家设计学院。克拉斯纳在学校很用功，努力做到最好，但她从来不是一个“好学生”，因为她只按自己喜欢的或者认为对的方式来做事，学校对她的评语是：**“自作聪明”“自命不凡”“这个学生永远都会是个麻烦”**。

1929 年，也即刚进入国家设计学院时，长相非常普通的克拉斯纳疯狂地爱上了高大、帅气又才华横溢的校园风云人物伊戈尔 · 潘杜霍夫。

伊戈尔有酗酒的恶习，而且很风流，不过克拉斯纳凭借她的执着与独特魅力成了他的正牌女友。克拉斯纳在学校里当老师，工作之余经常打扮入时、着装时髦地陪伴伊戈尔出入各种派对、夜总会和歌舞厅。作为一名肖像画艺术家，伊戈尔常常夜宿在他的漂亮女顾客家，但对于伊戈尔的种种绯闻，克拉斯纳选择充耳不闻。她爱他，爱得疯狂，只要还能和伊戈尔在一起，她愿意忍受一切。

1934 年，克拉斯纳突然不想教书了，于是又重新走上了艺术创作的道路。她先是在霍夫曼的学校里画画，后来又结识了皮特·蒙德里安，并受到蒙德里安的赞扬和指导。当克拉斯纳热切地沉浸于对事业的追求中时，她和伊戈尔的关系却出现了问题——她陪伴伊戈尔的时间越来越少，而且不再事事顺从，两人因为生活中一些小事爆发的争吵越来越多。

1939 年的一天，伊戈尔不打一声招呼突然离开了——这段维持了十年的感情就这样结束了。克拉斯纳很是受伤。

随后的两年，是克拉斯纳在孤独和痛苦中挣扎的两年。她将兰波的诗句用潦草的字迹写在了画室的墙上，以此来提醒自己：

我该向谁兜售自己？
该崇拜哪一种野兽？
什么圣像遭到了攻击：我伤了什么样的心？
我要坚持怎样的谎言？在怎样的血液里蹑行？

1941 年，克拉斯纳的感情终于得到了拯救。确切地讲，是她和杰克逊同时得到了拯救。

是他们共同认识的朋友格雷厄姆把杰克逊·波洛克这个名字介绍给了克拉斯纳。克拉斯纳很想见识一下杰克逊·波洛克究竟是个怎样的人，于是决定主动登门拜访。当克拉斯纳第一次见到波洛克时，据她自己后来讲述，她就疯狂地爱上了他。尽管据杰克逊·波洛克的传记作家讲述，克拉斯纳和波洛克在几年前就曾有过一面之缘，当时克拉斯纳还和杰克逊一起跳过舞，杰克逊非常笨拙地将整个人踩到了她的脚背上。

不论真相究竟如何，克拉斯纳爱上了杰克逊这一点千真万确。她开始主动追求杰克逊，一次次地制造见面的机会。最终，克拉斯纳成功了——她在艺术上的才华对杰克逊来说是有吸引力的，而她委曲求全的母性的关怀，则正是在生活上无法照顾自己而感情上再度落空的杰克逊急需的。尽管杰克逊已经是个即将 30 岁的男人，他在心理上却仍是个依恋哥哥们的小男孩，哥哥们相继娶妻生子带给他的不是拥有家庭新成员的快乐，而是无限的失落和痛苦。为了照顾杰克逊，桑特曾一再推迟结婚，推迟生孩子，但和杰克逊一起生活了整整 6 年之后，身为嫂子的阿勒瓦实在是受够了，她决定通过怀孕来逼迫杰克逊离开。1941 年，桑特的第一个孩子出生，他再也无法又当父亲又给杰克逊当“母亲”了。是克拉斯纳救了杰克逊的急，使他不仅有家可归，还得到了感情上的弥补和安慰。

波洛克《月亮女人》

克拉斯纳是一个非常精干的女人，和杰克逊在一起之后，她吸取上一份感情失败的教训，果断放弃自己的艺术事业，一心一意扑在了杰克逊身上。她摇身一变，从艺术家变成了模范管家、专业厨子、能干的艺术助手和一流的推销员。

李·克拉斯纳的介入，给杰克逊的生活带来了可喜的变化。30 年来，杰克逊第一次进入一种安静有序的生活秩序中，他戒掉了酒精，并将他那动荡狂乱的情感全都宣泄到了画布上。

正是在这段时间，杰克逊创作出了《速记形体》《月亮女人》《男人和女人》等第一批具有代表性的作品。其中，整个身体裹在柔和色调中、有着美妙线条和丰满手指的拿着一枝花的“月亮女人”，代表的是杰克逊对克拉斯纳由衷的爱与感激。

不久，《速记形体》被人推荐给了有“美国先锋艺术家救世主”之称的佩吉，得以在佩吉的画廊展出。佩吉·古根汉姆是恩斯特的妻子，她的目标是“**尽可能将现代艺术大师一网打尽**”，在恩斯特、布勒东、普策尔等人的陪同下，她从纽约多家画廊收购了杜尚、米罗、马列维奇、克利等先锋艺术家的作品。但在是否要展出杰克逊的作品这一点上她却有些模棱两可。当大师蒙德里安在《速记形体》前久久驻足时她非常紧张，像是在自言自语地说：“非常糟糕，不是吗？”“这不是一幅画，对吧？”

蒙德里安却在沉思良久后缓缓回应道：“**我在试着理解到底发生了什么。我认为这是目前为止我在美国见过的最有趣的作品……你必须密切注意这个人。**”

“意识领域在空中的括约肌”

蒙德里安的点头及《速记形体》在展出后的成功表现标志着杰克逊·波洛克的绘画迈上了一个新的台阶，也使佩吉对杰克逊信心大增。随后不久，她又购买了多幅杰克逊的作品，还为他举办了一场个人画展。一路跌跌撞撞走来，曾经一直不被人看好、一直被视为“最逊的那一个”的杰克逊如今却成了离成功最近的那一个，这怎能不令杰克逊欣喜若狂？

当杰克逊精神压抑、情感没有着落、生活动荡不安时，他的才能也像被密封在铁罐里一般无法释放。而现在，他感情稳定、生活顺遂，事业前景一片大好，黑沉沉的乌云突然散去，头顶只有蔚蓝的天空和明灿灿的阳光，他还有什么理由不奔跑向前？

杰克逊·波洛克突然变成了创作狂人，以一星期完成两幅作品的惊人速度创作着。他的创作是交替进行的，画一画，放一放，如果发现哪里有瑕疵，就拿起画笔赶紧修改。他画得越来越自由，越来越抽象，当他画出《帕西法》时，他已经无限接近抽象主义的边界。

1943 年 11 月 8 日，杰克逊的个人画展如期开幕，《时代周刊》《艺术新闻》《艺术文摘》等多家杂志都特刊登载了此次展览的消息。评论界对他的作品褒贬不一，有人称他的作品是“充分摇晃的万花筒”，有人则称赞他的《受伤的动物》和《冲突》为**“美国艺术家创作的最为特色鲜明的抽象画”**。

画展过后，杰克逊的作品纷纷被出售，这意味着杰克逊在艺术上取得成功的同时，在经济上也取得了成功。

然而，尽管一切看上去非常顺利，杰克逊·波洛克本人似乎也已经改头换面，但他仍存在一个致命的弱点——太在乎别人的评价，太渴望得到纯粹的赞美。为筹办个人画展而密集创作的巨大压力原本就已令杰克逊身心疲惫，画展开幕后评论界反响的褒贬不一让他大失所望。这一切导致的后果是，杰克逊又开始酗酒了。好不容易建立起来的生活秩序又统统被打乱了。

为了让杰克逊再次远离酒精，回归正常的生活，克拉斯纳提出了结婚。婚后，他们搬到了斯普林斯的新家，在这个风景优美的乡村过起了清净的二人世界的生活。在这时，老母亲斯黛拉介入了他们的生活。斯黛拉就像一剂镇静剂，让杰克逊仿佛一下子变回了10岁的小孩，他变得非常安静，不仅又能够作画了，而且还非常高产。

最重要的是，远离嘈杂、温馨充实的新生活带给了杰克逊巨大的创造力。正是在这一时期，杰克逊开始用令人震惊的“滴画法”在帆布上创作作品。“滴画法”将他从画架上解放出来，他通常将巨幅的画布铺在地板上，然后跪着，从一边挪到另一边，进行多角度的创作。用这种方式，杰克逊·波洛克创作出《蓝色无意识》《巢》《旋涡》等重要作品。不久后，杰克逊又在一名建筑大师的支持下将滴画搬上了墙面。

数年后，美国艺术史家马克斯·科兹洛夫如此写道：**“当杰克逊最终让画具脱离了画布，让一股股颜料摇曳飞腾着穿过空间，如雨滴般洒落在画布表面时，这位浮夸而笨手笨脚的艺术家是以最精细而优美的舞步在美国艺术界大展拳脚。滴画，仿佛是他的意识领域在空中的**

波洛克《古根海姆墙画》

括约肌，真正地在艺术创作的征途上改变了他的身份。”

杰克逊的滴画并没有一开始就获得巨大成功，但艺术的风向标正在发生改变。1949 年，《生活》杂志上发表了一篇介绍杰克逊的重头文章，声称“**37 岁的波洛克作为一个美国艺术界的闪亮新星脱颖而出，已成为一种新现象**”。随后，又有大量媒体发表了称赞他的文章。

杰克逊·波洛克成了著名艺术家，或者说成了一个艺术明星。粉丝的信件如雪片飞来，个人画展上大腕云集，认识的、不认识的访客一波接着一波到来。

母亲斯黛拉激动地四处向亲友宣传儿子的成功。

杰克逊·波洛克在聚光灯下显得羞涩腼腆，背后却非常享受这种成功的喜悦。他和克拉斯纳一边在大城市享受精致奢华的生活，一边忙着把斯普林斯的家装饰一新。杰克逊还开上了凯迪拉克。

在获得巨大成功后，杰克逊·波洛克花了将近一年时间才静下心来重新创作。现在，他又给自己设立了新的目标——成为最伟大的艺术家与雕刻家。

成功令杰克逊自信满满、激情喷薄，小画布已经无法承载他的梦想，他开始将色彩挥洒的对象转移到更大的画布上，并创作出《薰衣草之雾》《秋韵》等巨幅画作。而与此同时，一直以来默默躲在杰克逊背后的克拉斯纳也开始跃跃欲试，重新创作绘画并在奔杰克逊而来的访客面前展示自己的画作，她的才华和努力也确实为她带来了成功。

就在杰克逊和克拉斯纳这对夫妻在艺术上齐头并进时，负面的因素却在一点点积累。一些嫉妒或怨恨杰克逊的人，或坚定反对他的评论家，在杰克逊成功之后被疏远的老朋友及那些精明的收藏家，开始公开或私下发表对他不利的言论，曾经一心一意帮助他如今却被他忽视、未从他的成功中获得什么好处的家人也对他怒气冲冲、充满怨气。

杰克逊感到了前所未有的孤独。除了孤独，他还变得非常焦虑——他用滴画法创作的巨幅抽象画究竟能走多远？他开始怀疑自己，却找不到解决的途径。于是，他又开始酗酒了。

也许，新的成功能挽救他，媒体的一致称赞能挽救他。可是，当杰克逊新的个展开幕时，媒体却对他和他的作品完全缺乏热情——既不盛赞，也不批评，只是保持沉默。不断有新的天才冒出来，媒体总有写不完的新闻和材料。

杰克逊彻底崩溃了，变得严重抑郁，自怨自艾。镇静药物无法再帮到他。克拉斯纳尝试了所有她能想到的方法，都无法将杰克逊从酗酒的泥潭中拉出来。酒后的杰克逊常常扬言自杀，甚至还殴打妻子。一切都在朝着不可控的方向发展。

1956 年 8 月的一天，杰克逊带着两个女伴开着一辆奥尔斯莫比尔回家去，在经过一个弯口时，车辆由于速度太快发生了侧翻，杰克逊·波洛克像火箭一样从前排飞了出去，重重地撞在了一棵树上，当场死亡。

一个用艺术“为全人类服务”的男人

——里维拉

画家：迭戈·里维拉（Diego Rivera，1886—1957）

国籍：墨西哥

代表作：《裸体的人与马蒂莲》

类型：油画

艺术风格：社会现实主义

“我从来不相信上帝，但我相信毕加索”

迭戈·里维拉是谁？

他是墨西哥国宝级人物，是公认的最具墨西哥特色的标志性艺术家，是20世纪全世界最负盛名的壁画大师，是名声卓越的左翼艺术家，同时也是多情的诗人、信口雌黄的吹牛大王和谜一样的男人。

1886年，迭戈·里维拉出生于墨西哥瓜纳华托州。瓜纳华托州位于墨西哥中部高原，北部是山地，南部是大片平原，盛产苜蓿、土豆和玉米。里维拉出生时，墨西哥正处于独裁者波菲里奥·迪亚斯的统治之下。迪亚斯是个非常聪明的政治家，为了树立威信、连任总统，他一开始倒也做了些稳定政局、改善人民生活的实事。“面包”加“棍棒”是迪亚斯的统治策略，他用高薪笼络知识分子，对全国施行绝对的文化控制，而至于不听话的“反对派”，往往会被送入监狱折磨致死。

里维拉出生于一个中产阶级家庭，虽然生活在“黑暗的波菲里奥时代”，他却得以在富裕、包容的环境下无忧无虑地成长。据里维拉自述，他出生时，接生婆说他死了，把他扔在了粪桶里，是祖母救了他——祖母杀了好几只鸽子，用鸽子的内脏给他取暖，最终使幼小稚嫩的他活了下来。本来，和里维拉一起出生的还有一个婴儿，可是很小就夭折了。或许正是由于这些曲折，里维拉的父母对幸存下来的里维拉更加关爱有加，当 3 岁的里维拉和很多淘气的孩童一样拿着笔在墙壁上乱涂乱画时，他温柔的母亲没有训斥他、阻止他，而是特地在墙壁上装上了黑板和画布。

有这样一个母亲是里维拉的幸运，而在政治上倾向于自由主义的父亲也非常支持儿子学习绘画，在里维拉上学前就在家中给他布置了一间专门的画室。或许，这与迪亚斯支持艺术创作的政治环境有关；又或许，在被独裁者统治的高压环境下，里维拉的父母认为当一个艺术家不算太坏，毕竟从表面上看来，当一名艺术家不会像当一名新闻记者那样需要字字在意、句句拿捏，一不小心就会招来牢狱之灾。

很快，里维拉在绘画上就崭露头角。10 岁那年，他被送去美术班专门学习绘画，后来，他又曾跟随多位墨西哥艺术家学习绘画，浪漫主义风景画家何塞·玛丽亚·贝拉斯科和古典主义画家唐蒂亚戈·雷普都在他的启蒙老师之列。

1907 年，21 岁的里维拉取得了官方奖学金，得以前往西班牙留学。两年后他来到现代艺术的中心巴黎，在那里见识了各种流派的艺术，同时也结交了许多艺术家朋友。里维拉在各种不同的艺术间跳来跳去，

里维拉《自画像》

他很渴望成功，但一直没有画出像样的作品。

曾有一段时间，里维拉深深迷上了毕加索和他的立体主义。据说有一次，毕加索画了一幅有一只西班牙茴香酒酒瓶的静物画，没过多久，里维拉的作品中也出现了这样一只酒瓶。里维拉创作于 1913 年的布面油画《艺术家季诺维也夫》和创作于 1914 年的布面油画《两个女人》，都带有明显的立体主义画风。

里维拉有过一句名言：**“我从来不相信上帝，但我相信毕加索。”**

尽管毕加索只比里维拉年长 5 岁，但他成名较早，很年轻就形成了自己独特的画风，而当时的里维拉却默默无闻，远未找到自己的创作路线。他对毕加索如此崇拜一点儿也不奇怪。

自由领导人民

《自由领导人民》是法国浪漫主义绘画大师德拉克洛瓦的名作，描绘的是 1830 年 7 月在法国巴黎爆发的人民推翻波旁王朝的革命运动。这幅画和里维拉没有直接关系，却能反映 20 世纪初墨西哥大革命时那段激荡岁月的气氛。然而，波菲里奥·迪亚斯的独裁统治被推翻了，革命武装力量的不同派系之间却开始了长达 20 年的内斗，墨西哥陷入了巨大的混乱之中，人们并没有看到“自由”的影子。

1921 年，当时因为观念不同已经和立体派决裂的里维拉带着澎湃的革命热情毅然回到了祖国。里维拉在巴黎期间，他的俄罗斯艺术家女友安吉丽娜·比洛芙向他介绍了马克思主义，正是在比洛芙的影响下，里维拉加入了墨西哥共产党。

回到墨西哥后，里维拉很快就接了一个“大项目”——当时，执政的墨西哥政府非常渴望发展公共艺术，而里维拉也非常渴望能在一些公共建筑上创作壁画。他说：**“艺术不该仅仅让艺术家个人满意……而应以成为战斗的、教育的艺术为目标，为全人类服务。”**

在墨西哥政府的支持下，里维拉很快就开始了他的鸿篇巨制的创作。有研究者称，里维拉的壁画**“遍及墨西哥艺术宫、总统府、教育部、恰宾哥国立农业学校、大旅馆以及首都和其他大城市的公共建筑物”**。

里维拉既画墨西哥的历史，也画墨西哥传统部落古阿兹特克人，但作为一名左翼画家，他画得最多的还是墨西哥的现在，墨西哥的近代民主革命、农民运动以及贫困人民的生活是他最常表现的主题。

如他创作于 1923 年的壁画《收割甘蔗》，描绘的是农人的劳动场景：一个穿白衣的男子左臂抱着一大捆沉甸甸的甘蔗，旁边是两个女人，其中一个手里抱着儿童；远处，一个男人正赶着两头牛在犁地，一个女人的头上则顶着一个罐子，好像正要从远处走来。你可以从农人黝黑的皮肤和疲倦的神情中看出农活的繁重和生活的艰辛。

再如，同样创作于 1923 年的壁画《进入矿井》，画的是一群或穿着粗布服装，或赤裸着上身只穿一条裤子的男人提着幽暗的灯，扛着挖煤、铲煤的工具纷纷走向矿井的一幕。方形的矿井口一片漆黑，看上去像是骇人的坟墓入口。

里维拉创作于 1925 年的壁画《资本家的晚餐》和《放荡》，则对资本主义世界的奢靡生活进行了极大的讽刺和揭露。

此外，他也画革命。如 1928 年创作于祭祀院内壁的《抗议》，画的就是人民在墨西哥共产党的领导下拿起武器奋起反抗的场景。

里维拉从墨西哥的传统雕塑及欧洲新古典主义艺术中汲取灵感，用鲜明的色彩和紧致的线条，创作出了一幅幅画面简洁却大气磅礴的

里维拉《资本家的晚餐》

作品。著名作家迟子建曾如此评价里维拉的作品：“在墨西哥城国民宫看壁画大师里维拉的作品，恍如置身于南美的伊瓜苏大瀑布前，那斑斓的色彩，汹涌澎湃的气势，立刻让你觉得你与大手笔相逢了。这长达数十米的巨幅壁画，向我们展现的是20世纪40年代以前墨西哥民族历史的风云画卷，我们从中能看到西班牙殖民者的入侵，看到美法入侵，看到印第安人不屈的反抗，看到伊达尔戈神父发起的独立运动。画面上刀光剑影，战马、铠甲、长矛、弓箭、炮火、枪支、硝烟，向我们讲述了不同时代的腥风血雨。”

里维拉这些描绘墨西哥革命时期及底层民众生活的画作在国内引起了极大共鸣，也为他个人带来了极大声誉。

作为一名左翼艺术家，墨西哥共产党的一员，里维拉一边创作绘画讽刺资本主义，一边却又接受着资本主义政府给他的酬金。1929年，尽管里维拉辩称他为资本主义政府创作的绘画主题是阶级斗争，但这个没有纪律、无法无天的艺术家还是被驱逐出党了。

在随后的1930年，里维拉前往美国，并于次年在纽约现代艺术博物馆举行了画展。他的画展颇为成功，受到了美国媒体的积极评价，也赢得了一些年轻画家的喜爱。这些成功，正一步步将里维拉推向世界级绘画大师的地位。

由于20世纪30年代的世界性经济危机，里维拉在墨西哥的壁画工程继续不下去了，美国的经济尽管也受到了重创，但仍有一些实力雄厚的大财阀愿意为庞大的艺术工程埋单。里维拉准备在美国大展宏图。他先后受邀为旧金山的太平洋证券交易所和底特律艺术学院创作壁画，而当他接受美国大财阀洛克菲勒的委托，为洛克菲勒中心的洛克菲勒广场大楼的大厅创作壁画《十字路口的人》时，却掀起了一场轩然大波。

原来，虽然已经被驱逐出党，但里维拉的信仰并未改变，他深信无产阶级前途一片大好，而资本主义则只能走向穷途末路。因此，他在洛克菲勒广场大楼的大厅里创作了一幅展示两个阶级不同未来的壁画，一个是资产阶级的地狱，一个是无产阶级的天堂。不仅如此，他还在画中画了列宁的肖像。

洛克菲勒坚决要求抹去列宁的肖像，里维拉却不同意，而只愿意在画面上同时画上亚伯拉罕·林肯的肖像。于是，无可奈何的委托人只好遣人给里维拉开了一张支票，然后带他离开了洛克菲勒广场大楼。几个星期后，里维拉执意留在那里却不受委托人喜爱的壁画被一群工人毁掉了。

对此，里维拉耿耿于怀。不过他很快找到了报复的机会——当他在墨西哥接到新的创作委托时，他在那幅壁画上画上了洛克菲勒的肖像，画中的洛克菲勒手拿马提尼酒杯，成了资本家颓废堕落、不可救药的象征和代表。

或许是因为里维拉对共产主义的忠心，到了晚年，他又重新被吸纳进党。

鲁迅和里维拉

当然，里维拉的影响力并不只在墨西哥和美国，他的影响力是世界性的。“为全人类服务”是里维拉的艺术理想，或者说艺术野心，而他也确实做到了这一点。早在 20 世纪 30 年代，里维拉的艺术就跨越浩瀚的太平洋，对远在东方的中国造成了影响。

值得一提的是，最先将里维拉介绍给中国人的并非哪个中国画家或艺术评论家，而是大文学家鲁迅先生。

1931 年，鲁迅匿名在《北斗》杂志上发表了一篇介绍里维拉壁画《贫人之夜》的短文，具体如下：

贫人之夜（1927）

理惠拉（Diego Rivera）以一八八六年生于墨西哥，然而是久在西欧学画的人。他二十岁后，即往来于法兰西，西班牙和意大利，很受印象派，立体派，以及文艺复兴前期的壁画家的影响。此后回国，感于农工运动，遂宣言“与民众同在”，成了有名的生地壁画家。生地壁画（Fresco）者，乘灰粉未干之际，即须挥毫傅彩，是颇不容易的。

他的壁画有三处，一为教育部内的劳动院，二为祭祀院，三为查宾戈（Chapingo）农业学校。这回所取的一幅，是祭祀院里的。

理惠拉以为壁画最能尽社会的责任。因为这和宝藏在公侯邸宅内的绘画不同，是在公共建筑的壁上，属于大众的。因此也可知倘还在倾向沙龙（Salon）绘画，正是现代艺术中的最坏的倾向。

这幅被最早介绍进中国的里维拉的作品《贫人之夜》是创作于1927 年的壁画，高 4.33 米，宽 1.59 米，表现的是贫苦人民在侵略者的压迫下所遭受的苦难生活。

进入 20 世纪 50 年代后，作为墨西哥革命艺术运动的领袖人物，里维拉的作品多次被介绍进中国，受到中国左翼画家及追求民主进步的画家的喜爱，如张光宇、丁聪等艺术家，在构图、色彩上都深受其影响。

《裸体的人与马蒂莲》

迭戈·里维拉是多面的。他因大型壁画闻名于世，但并不只画壁画，也画了不少优秀的油画作品。

里维拉有很多油画作品并不像他的壁画那般大气磅礴，充满抗争与苦难，给人以震撼的视觉冲击力，而是充满了祥和与宁静。

如他创作于 1923 年的《特万特佩克的游泳者》，画的是一个赤裸着上身的女子下水游泳的情景，女子站在水中，四周是充满生机的水中植物，她与它们看上去是那么和谐，仿佛这女子也是从水里长出来的一般。

再如，他创作于 1953 年的《圣诞节习俗》，画的是一群孩子欢度圣诞的情景：主体为白色圆球，圆球上连着许多彩色圆锥，圆锥体的尖端有许多五彩飘带的奇怪容器在夜空中飞舞，一个孩子手拿一根长木棍，将这个容器捅了一个大洞，于是，各种各样的美食从容器里落了下来。其他孩子蜂拥而上：有人伏倒在地，用双臂将大堆美食揽在了怀中；有人冲过去，俯下身正要去抢；有人被撞倒在地，仰面朝天；一个抢不到美食的小女孩只得无奈地吮吸自己的手指，而她旁边的小男孩则因为抢不到圣诞礼物急得哭了起来。整幅画色彩斑斓，看上去就像一个充满童趣的梦境。你很难想象，创作它的艺术家竟然和在墨西哥壁画上画刺刀、步枪、屠杀、起义等激烈题材的是同一个人。

又如里维拉的名作《裸体的人和马蒂莲》：一个裸体的女人背对观众，她的面前是一个巨大的花框，框里装满了白色马蒂莲。马蒂莲是里维拉最喜欢的绘画素材，曾在里维拉的很多幅画中出现，如《花的节日》《卖花人》等。如果说《卖花人》中那个背负沉重花框、不得不将孩子和花一起背在背上谋生的女人象征着生活的贫困与苦难，那么这种意味在《裸体的人和马蒂莲》中消失了。洁白的马蒂莲纯洁而优雅，象征着希望，画中女人张开双臂拥抱花束，不禁令人联想到她拥抱的不仅是花束，同时也是希望。

"大象和鸽子"

不过，身为一名艺术家，里维拉被世人所关注的并不仅有他的艺术。画家的个人生活，也是人们津津乐道的一个话题。

从照片上看，里维拉长得身材肥胖，头圆眼圆，算不上美男子，不过，这并不妨碍他的浪漫和多情，他独特的人格也对异性存在着巨大吸引力。里维拉一生中共有过四次婚姻，除了妻子，他还不时与同行女艺术家和自己的模特之间擦出爱情的火花。而在里维拉诸多的女人中，最有名的当数弗里达·卡洛。

弗里达·卡洛是里维拉的第三任妻子，比里维拉小了整整 21 岁，她是墨西哥非常著名的女画家，同时也在世界上享有很高声誉，被誉为 20 世纪最杰出的女性画家之一。2002 年，随着萨尔玛·海耶克主演的电影《弗里达》上映，这个有着标志性一字眉、集惊人美貌与才华于一身的传奇女子顿时风靡世界，成了许多人心目中的偶像。

弗里达·卡洛出生于墨西哥，父亲是犹太人，母亲则是混着西班牙和印第安血统的墨西哥人。弗里达·卡洛是父母 4 个女儿中的老三，她长得非常漂亮，并且聪明伶俐，本应该有着很幸福的人生，可厄运却频频光顾她。

6 岁，弗里达患上了小儿麻痹症，另一种说法是天花。不论是何种疾病，总之导致了她的右腿萎缩。

18 岁，一场更大的灾祸从天而降——一天，弗里达乘坐的公交车与一辆失控的有轨电车撞到了一起，一根钢柱刺进了弗里达的身体，致使她几处脊椎骨断裂、锁骨断裂、两根肋骨断裂、骨盆碎裂、右腿 11 处骨折、右脚粉碎性骨折。而这起车祸带给弗里达的灾难远远不止这些，此后，弗里达在不到 30 年的时间里共经历了大大小小的 30 多次手术。有很长一段时间，她都不得不在病床和轮椅上度过漫长的一天又一天。

但倔强不服输的性格拯救了弗里达。当弗里达穿着由皮革、石膏和钢丝做成的支撑脊椎的胸衣躺在床上时，她开始作画。她一遍遍不厌其烦地画自己，画自己对死亡的蔑视。病痛和死亡成为她艺术的源泉，而艺术又成了她与厄运抗衡的巨大力量——她奇迹般地站了起来。

1928 年，弗里达把自己的作品拿给正在创作壁画的里维拉看，希望能得到这位名画家的指点。当看到漂亮的弗里达时，里维拉内心的爱之火再次不可避免地被点燃。很快，里维拉暂时停止了和其他情人的关系，并向弗里达求了婚。弗里达答应了。

1929 年，里维拉和弗里达正式结了婚。这一年里维拉 43 岁，弗里达 22 岁。由于里维拉又高又胖，而弗里达娇小玲珑，他们的结合被人们形容为“大象和鸽子的结合”。

弗里达婚后曾有过一段幸福而平静的时光。她很少作画，但暂时告别女画家的身份并不妨碍她在生活中特立独行——她迷上了墨西哥特万特佩克地区一带女人们所穿的民族服装，总是穿着它们出现在大街上，丝毫不在意路人的眼光；她还总是特意将自己的两撇浓眉用眉笔连在一起，画出一字眉的形状。

但好日子没过多久，折磨弗里达的厄运之神又找到了她，并逮住了她。弗里达很渴望成为母亲，可因为曾经骨盆受损，她经历了多次小产和流产，内心和身体都遭受了巨大创伤。

不光如此，丈夫里维拉的不忠也令弗里达十分懊恼。最令弗里达恼羞成怒的是，丈夫竟然和她的亲妹妹有了不清不楚的关系。

弗里达伤心至极，随后，她也开始了和别人的暧昧关系，其中最为著名的是里维拉非常敬仰的利奥·托洛茨基——弗里达这样做，一方面当然是因为托洛茨基本人的魅力吸引了她，另一方面也很可能是她认为唯有这样才能刺痛丈夫，达到报复的目的。

“大象”和“鸽子”的婚姻亮起了红灯。

1939 年，弗里达和里维拉协议离婚。这对里维拉来说或许影响不大，但弗里达却面临着如何养活自己的问题。此时，弗里达的绘画已经有了很大长进，她那些精美绝伦的作品已经分别在纽约和巴黎展出过，并被冠以女画家之名。弗里达决定继续在她出生的“蓝屋”里画画，通过卖画来养活自己。

不过，弗里达没有和里维拉分开太久。1940 年，她的情人利奥·托洛茨基遭人杀害，她受到警方长达 12 小时的盘问。当时在旧金山工作的里维拉得知此事后，敦促弗里达赶快收拾东西前往美国和他会合。彼时，或许是两人对彼此的怒火已经渐渐消退，并发现自己内心其实深深地爱着对方。在弗里达到达旧金山之后不久，她和里维拉就复婚了。

“大象”和“鸽子”仍旧深爱着对方，但并不表示里维拉从此就成了忠诚的丈夫。事实上，婚后，弗里达和里维拉之间开启了一种奇特

弗里达·卡洛《戴鲜花的自画像》

的“开放式”的婚姻模式，里维拉不向妻子隐瞒他的新情人，而弗里达也会在丈夫面前表达她对情敌的厌恶。这段失而复得的婚姻一直维持到 1954 年弗里达去世。对于这段婚姻，弗里达说过这样的话：**“我生命中遭遇过两次巨大的灾难。一次是被车撞了，另一次是我的丈夫。做迭戈的妻子是世界上最了不起的事情。我让他去和别的女人过**

弗里达·卡洛《宇宙之爱的拥抱》

日子。”

弗里达一边忍受着丈夫的背叛，一边继续作画。她的画颇具梦幻色彩，其中有许多都是不同形式的自画像，如《受伤的小鹿》《一些小刺痛》《断裂的脊柱》等，外表看上去很精美，细看却令人心痛。在外人看来，弗里达的画作带有超现实主义色彩，但弗里达自己却说：**“他们认为我是超现实主义画家，但我不是。我从不画梦。我画我自己的现实。”**

还是里维拉更了解弗里达。他曾如此评价弗里达的绘画：**“她的画尖刻而温柔，硬如钢铁，却精致美好如蝶翼；可爱如甜美的微笑，却深刻和残酷得如同苦难的人生。”**

在生命的最后几年里，由于病痛的折磨，弗里达依赖上了烈酒、香烟和麻醉品，这些物品犹如在坟墓上方幽幽发光的磷火，照亮了弗里达的画布，同时也一步步引诱她走向死亡。

1953 年，弗里达在墨西哥的一家画廊举办了她人生中第一次也是最后一次的个人画展。医生建议她不要出席开幕式，她却硬要前去。为此，里维拉不得不在展厅中间搭了一张临时的床，以迎接弗里达的到来。

也正是在同一年稍晚一些的时候，命运给这个经历了太多苦难的女子以致命一击——弗里达因右腿感染坏疽而遭截肢。

大概是弗里达实在太累了，不想再与命运抗争了，她在生命最后的时光里画下了《生命万岁》。这是一幅静物画，画的是完整的及被剖开的西瓜。成熟的西瓜汁液旺盛。刀在上面留下了锯齿形的、圆形的、半圆形的痕迹，它使西瓜变得“艺术”起来，可联想到弗里达伤残的一生，又令人触目惊心。

其实，《生命万岁》与其说是一幅静物图，不如说仍是弗里达的自画像。

1954 年 7 月的一天，弗里达带着病痛永远离开了人世。医生说她死于肺炎，但有人怀疑弗里达是自杀身亡。一些研究她的人从她最后一天的日记中找到了“证据”：**“我希望离世是快乐的，我希望永不再来。”**

弗里达·卡洛去世后，已步入晚年的里维拉仍过着放荡不羁的生活。1955 年，他娶了第四任妻子艾玛·乌尔塔多，并同时和一名著名收藏家保持着暧昧不清的关系。尽管风流不改，里维拉内心却深爱着弗里达·卡洛。他在临终前立下遗嘱，希望能将自己的骨灰和妻子弗里达·卡洛的骨灰融合在一起，埋在他为自己建造的阿那卡瓦依“神殿”中。

这座名为“阿纳卡瓦依”的建筑是里维拉早在 20 世纪 30 年代就想修建的，模仿了阿兹特克神庙的样式，由黑色火山石雕刻成各种各样的想象中的形状而建成。据说要进入这栋建筑物需要先经过一道巨大的石门，再经过一条护城河，然后再穿过一个巨大的放着一张大石桌的庭院，其规模之大可想而知。

不过，1957 年，“阿纳卡瓦依”还没修成，里维拉就去世了，他长眠于墨西哥城的国家杰出人物纪念堂中，最终还是未能如愿和妻子弗里达·卡洛合葬在属于他们两个人的“神殿”中。

谜一样的男人

如果说弗里达·卡洛传奇的一生是她凭着顽强的生命力自己缔造

的，那么迭戈·里维拉则恰恰相反。

里维拉有着许多传奇故事，听上去颇像精彩的影视剧剧情，而在这些精彩的剧情里，里维拉通常扮演着“英雄”和“神秘人”的角色。

比如，1910 年，里维拉为在墨西哥城举办展览，曾短暂地离开欧洲回到祖国。但里维拉却对人说，他此次回国其实还有一个非常重要的目的——当他入境时，他那顶宽檐的帽子下藏了炸弹，目的是刺杀独裁者波菲里奥·迪亚斯。至于最终他为什么放弃了这项艰巨的刺杀任务，里维拉的解释是，当时参加开幕式的不是总统本人，而是总统夫人。

再如，里维拉声称自己曾跟随革命党人埃米利亚诺·萨帕塔在墨西哥南部山区作战，当时，他还把自己训练成了一个爆破专家，能够炸毁一列火车，却不伤及任何一名乘客。他还声称，他在大西洋的暴风雨中拯救了埃米利亚诺·萨帕塔的船，使之免遭覆灭。

此外，他还声称自己是食人部落的一员。

对于里维拉的这些传奇故事，只要稍微了解一下里维拉的经历，或者稍微动脑子想一想，便可知道全是画家本人胡编乱造出来的。可是里维拉却乐此不疲，将这些冒险经历渲染得绘声绘色，好像他真的做了这些事一般。

更有意思的是，里维拉不仅窜改自己的履历，还随意更改他的名字。人们都知道，艺术家巴勃罗·毕加索有一个极为罕见的长名字：**巴勃罗·迭戈·何塞·法兰西斯科·德·保拉·胡安·纳波穆西诺·玛丽亚·德·洛斯·雷梅迪奥斯·西普里亚诺·德·拉·圣地西玛·特里尼达·克利托·鲁伊斯·毕加索**。然而，就像是要和毕加索竞赛、绝不能输给毕加索似的，里维拉受洗礼时的教名明明是迭戈·玛

里维拉《死亡之日》

丽亚·里维拉，但他似乎对这个名字不太满意，于是对外人宣称自己的教名为**迭戈·玛丽亚·德·拉·胡安·纳波穆西诺·埃斯塔尼斯劳·德·里维拉·巴里恩托斯·阿科斯塔·罗德利斯格**。

起这样一个“高大上”的教名或许会让自己显得更与众不同，问题是，名字太长也有弊端，里维拉就常常记不住他的名字，导致的结果是，他告诉每个传记作家的名字都不一样。

不过，对于里维拉的如上种种趣事，其实不必太过当真。或许，这只是艺术家觉得好玩开的一个玩笑；又或许，里维拉内心对冒险生活和神秘的身份充满了向往——毕竟，他是一个艺术家，免不了天马行空地想象，但自己所想的无从亲身去经历和体验，便只好过过嘴瘾了。

不管怎样，这些都不过是艺术家人生中一些有意思的小插曲。真实的里维拉在生前就已经享誉世界，并帮助墨西哥缔造了民族神话。他的人生完全不必润饰，就已足够伟大。

图书在版编目 (CIP) 数据

你不可不知的西方画家及其作品.破茧而出的现代派绘画/王月亮著.—北京：中国法制出版社，2019.10

ISBN 978-7-5216-0576-1

Ⅰ.①你… Ⅱ.①王… Ⅲ.①画家—生平事迹—世界—近代 ②油画—作品集—世界—近代 Ⅳ.① K815.72 ② J233

中国版本图书馆 CIP 数据核字(2019)第 220520 号

策划编辑：李 佳(amberlee2014@126.com)

责任编辑：李 佳 黄一迪　　封面设计：汪要军

你不可不知的西方画家及其作品.破茧而出的现代派绘画

NI BUKE BU ZHI DE XIFANG HUAJIA JI QI ZUOPIN. POJIAN'ERCHU DE XIANDAIPAI HUIHUA

著者/王月亮

经销/新华书店

印刷/廊坊一二〇六印刷厂

开本/710 毫米 ×1000 毫米 16 开　　印张/12.75 字数/141 千

版次/2019 年 10 月第 1 版　　2019 年 10 月第 1 次印刷

中国法制出版社出版

书号 ISBN 978-7-5216-0576-1　　定价：48.00 元

北京西单横二条 2 号 邮政编码 100031　　传真：010-66031119

网址：http://www.zgfzs.com　　**编辑部电话：010-66038703**

市场营销部电话：010-66033393　　**邮购部电话：010-66033288**

(如有印装质量问题，请与本社印务部联系调换。电话：010-66032926)